lonely planet

LO MEJOR · VIDA LOCAL · GUÍA PRÁCTICA

DUBLÍN

DE CERCA

AF276421

NEIL WILSON

Sumario

Puesta a punto 4

Trinity College (p. 38).
THIERRY MAFFEIS/SHUTTERSTOCK ©

Explorar Dublín   34

Circuitos a pie

Guía práctica   144

Imprescindible

Las mejores experiencias

Descubrir el pasado en el National Museum of Ireland – Archaeology (p. 62)

ANTON_IVANOV/SHUTTERSTOCK ©

Saber cómo preparan la cerveza en la Guinness Storehouse (p. 92)

TRABANTOS/SHUTTERSTOCK ©

Explorar el elegante campus del Trinity College (p. 38)

SAKHANPHOTOGRAPHY/SHUTTERSTOCK ©

Visitar St Patrick, cuna irlandesa del cristianismo (p. 94)

Repasar la historia del país en la Kilmainham Gaol (p. 96)

MATTHI/SHUTTERSTOCK ©

Recorrer el castillo de Dublín, antigua sede imperial británica (p. 42)

Admirar obras insólitas en la Chester Beatty Library (p. 44)

MEUNIERD/SHUTTERSTOCK ©

DVLCOM · WWW.DVLCOM.CO.UK/SHUTTERSTOCK ©

Aplaudir arte moderno en la Hugh Lane Gallery (p. 112)

Maravillarse ante la catedral medieval de Christ Church (p. 78)

KIRK FISHER/SHUTTERSTOCK ©

SPIROVIEW INC/SHUUERSTOCK ©

Sumergirse en el arte de la National Gallery (p. 64)

Dónde comer

La oferta culinaria en Dublín es mejor que nunca: cualquier cocina y tendencia –desde donuts para llevar a col rizada de mil y una formas distintas– está aquí representada en su afán por satisfacer los exigentes paladares de sus comensales.

Reservas

En casi todos los restaurantes del centro se reserva de jueves a sábado, y toda la semana en los lugares en boga. En general hay turnos: una mesa para las 19.00 ha de liberarse a las 21.00. Cada vez más establecimientos anotan en una lista y se forma cola en detrimento de las reservas.

Dónde comer

Desayuno Normalmente se sirve hasta las 9.00, aunque hoteles y B&B lo sirven hasta las 11.00 de lunes a viernes (12.00 fines de semana). Muchos cafés ofrecen desayunos durante todo el día.

Almuerzo Un sándwich o una comida ligera de 12.30 a 14.00. Los fines de semana, habitualmente se hace una gran comida *(dinner)* entre las 14.00 y 16.00.

'Tea' Se trata de una comida vespertina, que para mayor confusión también llaman *dinner;* es la comida principal de un dublinés, sobre las 18.30.

La mejor cocina irlandesa

Chapter One ¡Qué rica puede llegar a ser la cocina irlandesa! (p. 122)

Clanbrassil House Bistró de ambiente íntimo para sibaritas. (p. 105)

Legal Eagle No hay mejor asado dominical. (p. 118)

Winding Stair Clásicos irlandeses con un toque elegante. (p. 121)

Stack A Para compartir selectos bocados patrios de aire moderno. (p. 134)

Las mejores propuestas elegantes

Chapter One Comida sublime y ambiente maravillosamente relajado. (p. 122)

EQROY/SHUTTERSTOCK ©

Restaurant Patrick Guilbaud Acierta en todo el que probablemente es el mejor restaurante del país. (p. 73)

Michael's Magistrales pescados, marisco y bistecs en mantel blanco. (p. 141)

Mr Fox Revisiones de platos irlandeses en un marco georgiano. (p. 121)

Las mejores propuestas informales

Fumbally Fantástico, ocupa un almacén donde sirven sustanciosos sándwiches y buen café. (p. 105)

Coke Lane Pizza Aparte de deliciosa, su *pizza* + pinta es un chollo. (p. 104)

Assassination Custard Originales platillos en un microscópico café. (p. 104)

Oxmantown Excelentes sándwiches y desayunos. (p. 118)

Los mejores restaurantes de precio medio

Pi Pizza Es quizá la mejor *pizza* de la ciudad, si no del país. (p. 52)

Banyi Japanese Dining No hay mejor japonés en la capital. (p. 86)

Fish Shop Diminuto; pescados y marisco exquisitamente fresco. (p. 119)

Library Street Comida *gourmet* muy a cuenta. (p. 52)

Las mejores meriendas

Merrion Irresistibles *petit fours* con visos artísticos. (p. 67)

Shelbourne Un lugar atemporal. (p. 67; en la foto)

Westbury Hotel Meriendas con vistas a Grafton St.

La mejor cocina vegetariana

Glas Sensacional comida a un paso de Grafton St. (p. 52)

Saucy Cow Adalid de la comida rápida vegana. (p. 86)

Two Pups Coffee Café de barrio con desayunos y *brunches* para vegetarianos. (p. 104)

Dublín en un plato
El típico desayuno irlandés

Salchichas

Tostada

Setas

Huevos

Beicon

Tomates

★ Los mejores desayunos

Sophie's @ the Dean (p. 53)

Pepper Pot (p. 52)

Queen of Tarts (p. 85)

Devitt's (p. 57)

El típico desayuno irlandés

En tiempos de zumos 'verdes' y tostadas de aguacate, el clásico desayuno irlandés –o "fry" a secas– supone un sabroso y sustancioso recordatorio de una época más tradicional. No hay hotel que no sirva el Irish fry, pero solo los mejores (y casi todos los B&B) lo cocinan al momento; en caso contrario, el viajero habrá de escoger los ingredientes en bandejas metálicas de un bufé, que casi con total certeza tendrán un aspecto (y un sabor) demasiado aburrido.

Queen of Tarts.

Dónde beber

Si hay una constante en Dublín es que los dublineses siempre están dispuestos a tomar un trago. Llueva o truene, los pubs de la ciudad siempre están hasta los topes y, seguramente, una de las razones para visitar este destino es explorar su legión de bares y míticos pubs.

'Pubs' a carretadas

El *pub* sigue siendo el centro de la vida social de la ciudad y el mayor punto de acceso para experimentar la esencia de la cultura de la capital. Los hay para todos los gustos, aunque lo cierto es que encontrar uno tradicional resulta cada vez más difícil. Pese a todo, un buen *pub* no lo es por la limpieza o el serrín, sino por la clientela, lo que sigue garantizando la fama de Dublín como capital mundial de los *pubs*.

Protocolo en el 'pub'

La cultura del *pub* se cimenta sobre el sistema de rondas, resumido a la perfección por un dicho irlandés: "Es imposible que dos hombres vayan al *pub* y se tomen solo una pinta". No respetar esta norma dejará al viajero en muy mal lugar: los irlandeses son sumamente generosos y si hay algo que no soportan es la tacañería.

Los mejores bares tradicionales

John Mulligan's Tradición en su máxima expresión. (p. 134)

Long Hall Elegancia a la antigua. (p. 54)

Stag's Head De gran éxito entre periodistas y estudiantes. (p. 56)

Old Royal Oak Genuino *pub* de barrio. (p. 106)

Los mejores bares musicales

O'Donoghue's Cuna oficiosa del folclore patrio. (p. 74)

Devitt's Casi todas las noches suena música tradicional. (p. 57)

ERIC LAUDONIEN/SHUTTERSTOCK ©

Cobblestone Las mejores sesiones de la ciudad. (p. 121)

Auld Dubliner Conciertos tradicionales para turistas. (p. 87; en la foto)

Los mejores bares modernos

9 Below Fastuoso bar para cócteles. (p. 55)

Fourth Corner De moda, en las lindes de Liberties. (p. 106)

Square Ball Bar deportivo, coctelería y salón de videojuegos. (p. 75)

Urban Brewing Microcervecería con predilección por la Oyster Stout. (p. 134)

Los mejores clubes nocturnos

Grand Social *Jam sessions* de *jazz*, gratis y abiertas, los lunes.

Workman's Club Música *indie, house* y disco en distintas salas los viernes. (p. 88)

Mother Disco, electrónica y pop los sábados. (p. 56)

Lo esencial

Horarios

Pueden pedirse copas hasta las 23.30 de lunes a jueves, hasta las 0.30 los viernes y sábados, y hasta las 23.00 los domingos. Muchos *pubs* del centro tienen licencia para servir alcohol hasta las 1.30 o incluso las 2.30 (estos, suelen ser también discotecas).

Propinas

Es costumbre dejar al camarero el cambio (hasta 1 €).

Whelan's Conciertos memorables los jueves. (p. 57)

Los bares más auténticos

Fallon's El preferido de Liberties. (p. 107)

Toners Rústico *pub* en pleno centro urbano. (p. 74)

John Kavanagh's Un secreto mal guardado. (p. 123)

Dublín en una copa
Una pinta de Guinness

★ Las mejores pintas

Kehoes (p. 54)

Stag's Head (p. 56)

John Mulligan's (p. 134)

Walshs (p. 122)

Grogans Castle Lounge (p. 54)

Historia de la Guinness

Al igual que la ceremonia japonesa del té, tirar una pinta de Guinness tiene un componente ritual, otro escénico y otro lógico. La cerveza más famosa del mundo es una *ale* oscura, con mucho lúpulo, que se hizo popular entre los porteadores del Londres del s. XVIII. Arthur Guinness se percató de ello y empezó a producir su propia versión en 1778 en la fábrica que había fundado dos décadas antes a orillas del Liffey.

Stag's Head.

De compras

Si está hecho en Irlanda, casi seguro lo hay en Dublín. En Grafton St se concentran varias cadenas minoristas y, en las calles aledañas, algunas de las mejores boutiques locales. En la peatonal Henry St, al norte, se localizan tiendas de cadenas internacionales y Arnotts, los mejores grandes almacenes de la capital.

SAM MELLISH/GETTY IMAGES ©

Productos tradicionales irlandeses

Siguen gozando de gran popularidad los artículos de cristal y de punto, con innovadoras versiones modernas. Evítense las baratijas de mala calidad producidas en cadena: por baratas que sean, no tienen ningún valor. Así, dar con un *shillelagh* (bastón irlandés de lucha) auténtico es imposible.

Moda

Por más que los diseñadores han tratado de inculcar a los dublineses cierto sentido del estilo clásico, se diría que a estos les basta con llevar una camisa planchada y unos zapatos de piel. Hay, en cambio, una pujante oferta de tiendas de ropa *vintage* (varias de ellas en Temple Bar) en las que vale la pena rebuscar y, en los distintos mercados de la ciudad, puestos muy bien surtidos. En Avoca Handweavers (p. 58) se encontrará cualquier prenda de punto y de *tweed* imaginable.

Mercados

Pese a causar furor en Dublín, la crisis de los alquileres ha provocado que muchos mercados tengan que cambiar continuamente de ubicación, lo que dificulta seguirles la pista.

Lo mejor con garantía irlandesa

Avoca Handweavers Los grandes almacenes preferidos del autor, con infinidad de opciones. (p. 58; en la foto, arriba dcha.)

Irish Design Shop Estupenda artesanía cuidadosamente seleccionada. (p. 58)

AVOCA

Barry Doyle Design Jewellers Exquisita joyería hecha a mano con diseños contemporáneos únicos. (p. 59)

Ulysses Rare Books Valiosísimas primeras ediciones y hermosos ejemplares de *Dublineses* de Joyce. (p. 59; en la foto, arriba)

La mejor moda

Louis Copeland Fabulosos trajes a medida y, también, listos para vestir de diseñadores internacionales. (p. 59)

Costume Colaboraciones exclusivas con innovadores diseñadores europeos. (p. 59)

Siopaella Prendas y accesorios de lujo de ocasión. (p. 58)

Scout Atractiva y moderna ropa básica. (p. 89)

Las mejores joyas

Chupi Bella joyería inspirada en los paisajes irlandeses. (p. 58)

Barry Doyle Design Jewellers Joyería artesana, excepcional por su belleza y simplicidad. (p. 59)

Design House Joyería hecha a mano, ropa *vintage* y arte y artesanía irlandeses. (p. 89)

Lo esencial

Horarios

Los comercios abren de 9.30 a 18.00 de lunes a miércoles, viernes y sábados; de 9.30 a 20.00 los jueves y de 12.00 a 18.00 los domingos.

Devolución de impuestos

Quienes no residan en la UE pueden solicitar la devolución del IVA aplicado a artículos comprados en tiendas adheridas al programa Cashback o Taxback (salvo libros, ropa infantil y material educativo). Basta cumplimentar un formulario en el último punto de salida de la UE para obtener la devolución.

Ocio

Créase o no, hay vida más allá del pub. Hay clubes de comedia y conciertos de música, recitales y lecturas, marionetas y música, ¡mucha música! Otro gran aliciente es el teatro, disfrutar de divertidos musicales y de obras de Beckett, Yeats u O'Casey, amén de un montón de nuevos talentos.

MARK GUSEV/SHUTTERSTOCK ©

Reservas

Las entradas para el teatro, espectáculos de comedia y conciertos de música clásica suelen reservarse, bien directamente a través de las salas, bien mediante agencias como Ticketmaster (ticketmaster.ie), que vende entradas para espectáculos de todo tipo y tamaño, aunque cobra una tasa de servicio del 12,5%.

Los mejores locales de música en directo

Cobblestone Música tradicional. (p. 121)

3 Arena Solo grandes artistas.

Whelan's Cantautores. (p. 57)

Workman's Club Grupos del momento. (p. 88)

Los mejores teatros

Gate Theatre Maravillosos clásicos. (p. 123)

Project Arts Centre Interesantes obras marginales. (p. 88)

Bord Gáis Energy Theatre La mejor sala techada de la ciudad. (p. 135; en la foto)

Abbey Theatre Fuente inagotable de talento. (p. 123)

La mejor alta cultura

National Concert Hall El mejor escenario sinfónico del país. (p. 57)

Abbey Theatre Grandes figuras del teatro nacional. (p. 123)

Bloomsday Hace que Ulises cobre sentido. (p. 25)

Noche de la cultura Arte, arquitectura y patrimonio. (p. 24)

Museos y galerías

DERICK P. HUDSON/SHUTTERSTOCK ©

A nadie debería sorprender que la capital y principal urbe irlandesa aglutine casi todos los mejores museos y galerías, pero es que Dublín, además, tiene una baza cultural adicional: en ella se puede repasar su historia y la del país, examinar sus objetos más preciados y admirar arte de la prehistoria a la actualidad.

Las mejores colecciones

Hugh Lane Gallery Impresionante colección de arte moderno y contemporáneo. (p. 110)

National Gallery La mejor mezcla de arte clásico europeo e irlandés del país. (p. 64)

National Museum of Ireland – Archaeology La mejor colección de arte celta del mundo. (p. 62)

Irish Museum of Modern Art El mejor arte contemporáneo irlandés. (p. 102)

National Museum of Ireland – Decorative Arts & History La historia social y militar de Irlanda contada a través de vestimentas, joyas y uniformes. (p. 116)

Los mejores museos pequeños

Marsh's Library Biblioteca del s. XVIII prácticamente incólume desde su apertura. (p. 102; en la foto)

Chester Beatty Library Fabulosa colección de libros, pergaminos y obras de arte antiguas de todo el orbe. (p. 44)

Little Museum of Dublin La historia de la capital narrada a través de objetos donados. (p. 50)

14 Henrietta Street 200 años de historia en una casa georgiana. (p. 116)

Las mejores experiencias interactivas

Guinness Storehouse Probar la famosa cerveza en su lugar de nacimiento. (p. 92)

Jameson Distillery Bow Street Catar el potente licor tras averiguar cómo se produce. (p. 119)

EPIC The Irish Emigration Museum Descubrir la historia de la emigración. (p. 131)

GPO Museum Repasar los pormenores del Alzamiento de Pascua de 1916. (p. 117)

Arquitectura

El perfil urbano de Dublín delata su edad, con picos visibles de su historia arquitectónica que se remontan a la Edad Media. Y, aun siendo una ciudad de orígenes vikingos, la exploración ha de iniciarse en el s. XII. Su apoteosis arquitectónica, pese a todo, se sitúa en la época georgiana, es decir, en el s. XVIII.

4H4 PH/SHUTTERSTOCK ©

Los mejores edificios georgianos

Leinster House Obra de Richard Cassels, la casa del duque de Leinster inspiró a James Hoban al diseñar la Casa Blanca. (p. 70)

Charlemont House La antigua vivienda de lord Charlemont (hoy la Hugh Lane Gallery) fue una de las mansiones georgianas más sublimes de Dublín. (p. 110)

14 Henrietta Street Residencia georgiana exquisitamente restaurada. (p. 116)

Four Courts El Tribunal Supremo de Irlanda ocupa un espléndido edificio firmado por Thomas Cooley y James Gandon. (p. 113)

Custom House James Gandon dejó su impronta en Irlanda. (p. 131; en la foto)

Bank of Ireland El sublime diseño de Edward Lovett Pearce antes fue el Parlamento irlandés. (p. 51)

Los mejores edificios modernos

Bord Gáis Energy Theatre (2010) Daniel Libeskind diseñó este auditorio para 2100 espectadores. (p. 135)

Grand Canal Square (2007) Cortesía de Martha Schwartz, esta plaza es el espacio moderno más bonito de la ciudad. (p. 129)

Samuel Beckett Bridge (2007) Este diseño de Santiago Calatrava es uno de los más llamativos junto al Liffey.

Convention Centre (2011) Kevin Roche incorpora un gran 'tubo' de vidrio asentado a 45°. (p. 133)

Merece la pena

Como cabría esperar, el edificio georgiano más colosal de la ciudad es el **Áras an Uachtaráin** (p. 109; la residencia presidencial), un imponente pabellón palladiano construido en Phoenix Park en 1751 para alojar al virrey británico. El **centro de visitantes de Phoenix Park** (phoenixpark.ie) ofrece visitas guiadas gratuitas los sábados.

Para niños

ALBERTMI/SHUTTERSTOCK ©

A los dublineses les encantan los niños y en cualquier lugar lo hacen notar con entusiasmo. No obstante, esa admiración no se ha traducido del todo en servicios infantiles, como mayor disponibilidad de instalaciones de cambiadores de bebés.

Parques

Aunque está bien planear alguna actividad específica, en cualquier momento los peques pueden desfogarse en las muchas zonas verdes de Dublín, desde St Stephen's Green (p. 50) a Merrion Square (p. 69), pasando por Herbert Park (p. 139) y Phoenix Park (p. 108; en la foto).

Aventuras

En el circuito de **Viking Splash Tours** (vikingsplashdublin.ie; St Stephen's Green N; adultos/niños 25/13 €; ⏱cada 30-90 min 10.00-15.00; 🚊St Stephen's Green), don-

de se sube a bordo de un vehículo anfibio y, tras ponerse un casco de vikingo, se recorren las calles de la ciudad antes de surcar las aguas del Gran Canal.

Lo mejor para niños

Ark Children's Cultural Centre Programas y expe-

riencias interactivas para niños de 3-14 años. (p. 84)

Dublin Zoo Uno de los mejores de Europa, con montones de actividades para los peques. (p. 109)

Dublinia Muestras interactivas para jóvenes visitantes. (p. 84)

National Leprechaun Museum Para explorar el mundo oculto de los seres fantásticos. (p. 118)

Consejos para familias

○ **Transporte** Los menores de cinco años viajan gratis en la red de transporte público.

○ **'Pubs'** Los menores solo pueden entrar acompañados y estar como máximo hasta las 21.00 (22.00 may-sep).

○ **Webs** Los padres con niños pequeños deberían echar un vistazo a everymum.ie.

Otra cara de Dublín

AVILLFOTO/SHUTTERSTOCK ©

Pequeño y abarcable, el centro de Dublín rebosa de reclamos para distraer y entretener incluso a los visitantes más asiduos: es una ciudad en continuo movimiento, atenta a las nuevas tendencias y presta a recurrir a los atributos que han definido buena parte de su identidad actual.

Comer en la periferia

Cada vez más chefs locales están trasladándose a las afueras, muchos atraídos por los alquileres más asequibles. Stoneybatter, en el rincón noroeste de la capital, concentra un nutrido abanico de propuestas gastronómicas, desde **Vietnom** (facebook.com/ vietnomdublin), una gastroneta vietnamita instalada en la terraza del *pub* Glimmer Man, al **Grano** (grano.ie), un fantástico restaurante italiano.

La noche de la cultura

¡Olvídese el Día de San Patricio!: la mejor velada del año es la **Culture Night** (culturenight.ie; 🕑sep), en septiembre, cuando museos, casas históricas, parques privados y demás lugares de valor cultural abren al público. Se organizan charlas, muestras, conciertos, circuitos y otros divertidos actos en clave cultural, todo gratis y maravilloso. Sin duda, una de las mejores formas de descubrir Dublín.

Otros museos menos conocidos

Algunos de los museos más interesantes son los menos visitados. La **Marsh's Library** (p. 102) es una buena alternativa a la Long Room del Trinity College, mientras que **14 Henrietta Street** (p. 116) es una casa georgiana que repasa 200 años de historia dublinesa. El coqueto **Little Museum of Dublin** (p. 50; en la foto) es un tesoro escondido lleno de reliquias, fotografías y objetos que esboza la historia local.

Fiestas y festivales

Dublín es muy dada a festejar, tanto su comida, teatro y música como, por supuesto, San Patricio, por más que el origen religioso de esta importante festividad haya pasado a un segundo plano. Se visite cuando se visite, la diversión está garantizada.

D. RIBEIRO/SHUTTERSTOCK ©

Los mejores festivales

Culture Night (culturenight. ie; ☉sep) Una noche de charlas, actuaciones y eventos.

Dublin Fringe Festival (frin gefest.com; ☉sep) El mejor teatro contemporáneo.

St Patrick's Festival (st patricksfestival.ie; ☉med mar) La ciudad enloquece durante la madre de todas las fiestas.

Dublin LGBTQ Pride (dublinpride.ie; ☉med jun) 10 días de celebraciones de la comunidad LGTBIQ+.

Forbidden Fruit (forbidden fruit.ie; ☉jun) Excelente festival de música alternativa.

Taste of Dublin (tasteof dublin.ie; ☉med jun) Fin de semana de exquisiteces para sibaritas.

Temple Bar Trad Festival (tradfest.com; ☉ene) Una de las mejores fiestas del año.

Las mejores citas únicas de Dublín

Bloomsday (bloomsdayfes tival.ie; ☉16 jun) Homenaje a Joyce.

All-Ireland Finals Clímax de los campeonatos de *hurling/camogie* y fútbol gaélico; las finales femeninas son el 1er y el 3er domingo de agosto (en la foto), y las masculinas, el 1er y el 3er domingo de septiembre.

Dublin City Liffey Swim (heydublin.ie/dublin-city -liffey-swim; ☉sep) 500 nadadores cruzan el Liffey.

Christmas Dip at the Forty Foot (☉25 dic, 11.00) Tra- dicional chapuzón navideño en las gélidas aguas de Sandycove.

Consejo

Resérvense las entradas con mucha ante- lación para grandes citas como el Fringe o el Forbidden Fruit; conseguirlas para las All-Ireland Finals es muy difícil, pero no imposible.

Turismo responsable

4H4 PH/SHUTTERSTOCK ©

Experiencias positivas, sostenibles y agradables.

En marcha

Viajar en temporada baja. El Dublín anterior a la pandemia recibía anualmente 9 millones de visitantes, en su mayoría entre mayo y septiembre. Viajar fuera de temporada es sinónimo de menor gentío, tarifas de hotel más económicas y, seguramente, una experiencia más auténtica.

Prolongar la estancia. Para exprimir de veras Dublín se necesita más de un día: al margen de los principales reclamos, hay fascinantes museos y estupendas excursiones de un día a pueblos y montañas del litoral.

Utilizar transportes menos contaminantes. Alquilar un vehículo eléctrico es más fácil que nunca: Dublín cuenta con más de 130 puntos de recarga que, para el 2025, deberían ascender a 1650.

Ir en bici. Una de las formas más habituales de moverse por la ciudad es con las bicicletas azules de Dublinbikes (dublinbikes.ie), un servicio público de alquiler con más de 100 estaciones repartidas por el centro.

Hospedarse en alojamientos acreditados. Los lugares sin licencia son una lacra responsable de la subida del precio de los alquileres.

Ser solidario

Apoyar a Secret Street Tours (secretstreettours. org), una propuesta llevada por gente que logró salir de la indigencia y ahora ofrece una visión única de las calles de Dublín por las que solían pulular. Los beneficios se destinan a asociaciones de caridad que ayudan a personas sin hogar.

Favorecer el comercio de proximidad comprando comida a pequeños comerciantes y a productores de los mercados locales.

Escoger atracciones, puntos de interés y destilerías que preconicen las prácticas sostenibles y el turismo responsable.

Es preferible...

No comprar agua embotellada. Llevar una botella y rellenarla con agua del grifo.

Comer fuera por una buena causa en el Fumbally (thefumbally.ie), un café comunitario que contribuye a la economía circular y a la sostenibilidad.

MARK GUSEV/SHUTTERSTOCK ©

Reducir el impacto medioambiental

El número de turistas que cada año recibe Irlanda supera con mucho el de residentes (un 50% más, aprox.), con lo cual su impacto en el medio ambiente puede ser enorme.

Pasar más tiempo en una misma zona. Viajar sin prisas para minimizar la presión a la que se someten los grandes reclamos y procurar no contribuir a las aglomeraciones.

Utilizar los aseos designados y verter correctamente los residuos químicos y aguas negras de caravanas y autocaravanas.

Llevar una bolsa y recoger cualquier desperdicio que se vea al pasear o al hacer una ruta de senderismo o ciclismo.

Apoyar iniciativas locales

Escoger restauradores y comerciantes afiliados a Support Dublin (support dublin.com), creado durante la pandemia para ayudar a los negocios locales afectados por la covid-19.

Comer alimentos de producción local. Pan, cerveza, pescado, fruta fresca... Apostar siempre por los productores de la región (goodfoodireland.ie).

Comprar regalos y recuerdos directamente del fabricante. En sitios como Design Tower (thedesigntower.com) se puede conocer en persona a los artesanos, mientras que los *souvenirs* de Irish Design Shop (irishdesignshop.com) denotan su compromiso con el medio ambiente.

Webs

visitdublin.com

leavenotraceireland.org

sustainabletravelireland.ie

Cuatro días perfectos

Día 1

BRUNO UMBERTO CALIXTO/SHUTTERSTOCK ©

Se empieza paseando por el Trinity College y, tras descubrir la **Old Library** (p. 39) y el *Libro de Kells,* se sube **Grafton St** hacia **St Stephen's Green** (p. 50). En la **Chester Beatty Library** (p. 44) aguardan más objetos hermosos.

Se puede elegir una de estas tres maravillas o visitar las tres: el **National Museum of Ireland – Archaeology** (p. 62) (el cáliz de Ardagh y el broche Tara ya justifican la visita), la **National Gallery** (p. 64) (no perderse la sala dedicada a Yeats) y el **Museum of Natural History** (p. 69; en la foto), muy apto para peques.

La oferta nocturna de Temple Bar incluye desde sesiones de música tradicional a rondas de cerveza en algún **'pub'.**

Día 2

REMIZOV/SHUTTERSTOCK ©

Se arranca por las catedrales medievales de Dublín, **St Patrick** (p. 94) y **Christ Church** (p. 78), antes del momento de hedonismo en la **Teeling Distillery** (p. 102; en la foto) y la **Guinness Storehouse.** (p. 92)

Se va a Kilmainham, al oeste, donde se visita el **Irish Museum of Modern Art** (p. 102), cuya puerta de atrás conduce a la **Kilmainham Gaol** (p. 96), una reveladora perspectiva de la lucha por la independencia de Irlanda.

El **Walshs** (p. 122), en Stoneybatter, es un formidable bar tradicional. Como alternativa, se puede asistir a una función teatral en el **Gate Theatre** (p. 123) o en el **Abbey Theatre** (p. 123), el teatro nacional.

Puesta a punto Cuatro días perfectos

Día 3

Tras recorrer **O'Connell St** de punta a punta, se aplaude la colección de la **Hugh Lane Gallery** (p. 110). En **14 Henrietta St** (p. 116) se descubre la historia de una casa señorial georgiana y en la **Jameson Distillery Bow Street** (p. 119) se aprende todo acerca del *whiskey* irlandés.

La colección del **National Museum of Ireland – Decorative Arts & History** (p. 116; en la foto) es excelente. Más al oeste aguarda **Phoenix Park** (p. 23), el parque urbano más grande de Europa.

La mayor oferta noctámbula se concentra en **Grafton St** y aledaños, donde no faltan *pubs* tradicionales, bares a la última y salas de música.

Día 4

El galardonado **Little Museum of Dublin** (p. 50) contiene una fenomenal colección de objetos y recuerdos locales, incluida una sala dedicada al grupo U2. Desde allí se realiza el excelente circuito a pie de St Stephen's Green que ofrece Green Mile.

El **EPIC The Irish Emigration Museum** (p. 131), al otro lado del río, es un espacio multimedia que explora la diáspora irlandesa, mientras que muy cerca se puede subir a bordo del **'Jeanie Johnston'** (p. 132; en la foto), un barco que transportó a algunos de aquellos migrantes.

Siempre resulta memorable visitar el **O'Donoghue's** (p. 74) de Merrion Row: un precioso y animado bar tradicional en el que, por regla general, suena folclore en vivo.

Lo esencial

Para más información, véase 'Guía práctica' (p. 144)

Moneda
Euro (€)

Idioma
Inglés

Visados
No los necesitan los ciudadanos de los países pertenecientes al EEE (Espacio Económico Europeo).

Dinero
Hay muchos cajeros automáticos. Casi todos los restaurantes, hoteles y comercios aceptan tarjetas de crédito (con pin).

Teléfonos móviles
Todos los terminales europeos funcionan en Dublín, lo mismo que los estadounidenses liberados. Consúltese al operador propio. Una tarjeta SIM de prepago cuesta desde 15 €.

Hora
Horario de Europa occidental (GMT/UTC nov-mar; +1 abr-oct).

Presupuesto diario

Económico: menos de 150 €
Cama en dormitorio colectivo: 16-40 €
Comida en café o *pub:* 15-25 €
Billete de autobús: hasta 2,60 €
Principales museos: gratis
Pinta: 5,80-9 €

Medio: 150-250 €
Habitación doble en hotel económico: 120-180 €
Habitación doble en hotel de rango medio o en casa adosada: 150-250 €
Almuerzo o cena en restaurante de gama media: 30-40 €
Circuitos guiados y entrada a atracciones de pago: 15-25 €

Alto: más de 250 €
Habitación doble en hotel de categoría: desde 250 €
Cena en restaurante caro: 80-150 €

Con antelación

Dos meses antes Reservar alojamiento, máximo en verano. Comprar entradas de espectáculos, en especial artistas de gira y humoristas.

Dos semanas antes Asegurarse alojamiento en temporada baja. Reservar funciones de fin de semana en teatros de renombre y mesa para cenar viernes y sábado en restaurantes de nivel.

Una semana antes Reservar mesa en los restaurantes más populares o en boga.

Cómo llegar

El grueso de los viajeros llega a Dublín en avión, aunque también hay ferris desde el Reino Unido al puerto de Dublín o a Dun Laoghaire, en la periferia sur.

✈ Aeropuerto de Dublín

13 km al norte del centro urbano.
Autobús Entre las 6.00 y 0.30, van al centro cada 10-15 min.
Taxi La carrera al centro (45 min) sale por 30-40 €.

⚓ Puerto de Dublín

Autobús Todos los servicios (adultos/niños 3/2 €; 20 min) coinciden con las llegadas y salidas.

Cómo desplazarse

🚲 Bicicleta

Con más de 100 estaciones por la ciudad, el programa de alquiler de bicis Dublinbikes (3 días, 5 €; dublinbikes.ie) es una forma genial de moverse rápido.

🚌 Autobús

Circulan de 6.00 a 23.30. Llévese el importe exacto o una Leap Card (disponible en quioscos).

🚊 Tranvía

No hay transporte más eficiente. La Green Line recorre O'Connell St y St Stephen's Green hacia Sandyford, en el sur; la Red Line va de Point Village a Tallaght, previo paso por los muelles del norte y Heuston Station.

🚗 Automóvil y motocicleta

El tráfico en Dublín es un quebradero de cabeza y aparcar –además de un suplicio– sale carísimo. La hora en un aparcamiento cubierto vigilado cuesta 3,60-4,30 €; casi todos tienen una tarifa plana nocturna, más económica.

Barrios de Dublín

Norte del Liffey (p. 111)
Más descarnada que el refinado sur, la zona inmediatamente al norte del río Liffey promete una mezcla de majestuosidad del s. XVIII, vida urbana tradicional y el crisol multicultural que define al Dublín actual.

Temple Bar (p. 77)
El tumulto y el jolgorio son moneda corriente en el barrio más célebre de Dublín, con tiendas y galerías para descubrir durante el día.

Hugh Lane Gallery

Castillo de Dublín

Catedral de Christ Church

Kilmainham Gaol

Guinness Storehouse

Catedral de St Patrick

Chester Beatty Library

Kilmainham y Liberties (p. 91)
Al oeste de la mitad sur del centro se sitúan los barrios más antiguos de la ciudad, con atracciones turísticas importantes.

Grafton St y alrededores (p. 37)
La calle más famosa de Dublín –y oficioso centro urbano– está abrazada por un entramado de callejas casi siempre abarrotadas.

Docklands (p. 127)

Los rutilantes edificios modernos de Docklands (apodado Silicon Docks) albergan varios gigantes tecnológicos y, entre ellos, destacan algunas bellezas arquitectónicas.

Merrion Square y alrededores (p. 61)

Bajo la exquisita arquitectura georgiana subyace una mezcla de imponentes edificios públicos, museos, oficinas y residencias particulares.

Trinity College Dublin

National Gallery of Ireland

National Museum of Ireland – Archaeology

El sur (p. 137)

Los barrios que abrazan la margen meridional del Grand Canal flaquean en cuanto a reclamos, pero permiten conocer el estilo de las clases acomodadas.

Explorar
Dublín

Circuitos a pie 🥾

GPO Museum (p. 117). SONIA CALVO/SHUTTERSTOCK ©

Explorar

Grafton St y alrededores

La ajetreada y peatonal Grafton St es la calle más famosa de la ciudad y su centro oficioso. En el bullicioso meollo que la rodea, con calles secundarias y callejas casi siempre repletas, se encuentra la mayor oferta de pubs, tiendas y restaurantes de la capital.

Lo esencial

○ **Chester Beatty Library (p. 44)** *Explorar la colección de uno de los mejores museos del país.*

○ **Old Library y 'Libro de Kells' (p. 39)** *Admirar una majestuosa biblioteca y los evangelios iluminados más famosos del mundo.*

○ **St Stephen's Green (p. 50)** *Una tarde soleada en el parque donde los dublineses van a descansar, cortejarse y recordar las cosas buenas de la vida.*

○ **Little Museum of Dublin (p. 50)** *Examinar su maravillosa colección de objetos históricos donados.*

○ **Salir una noche (p. 54)** *Cenar y tomarse unas pintas en un pub, como el Kehoe's.*

Cómo llegar y desplazarse

🚌 Todos los servicios que cruzan la ciudad van hacia esta zona (o bien la atraviesan).

🚊 En el lado oeste de St Stephen's Green hay una parada –homónima– de la Green Line del Luas.

🚶 Grafton St está en pleno centro de la ciudad, a 500 m como máximo de cualquier barrio (incluida la parte occidental de los Docklands).

Plano de la zona en p. 48.

St Stephen's Green (p. 50). ROLF G WACKENBERG/SHUTTERSTOCK ©

Las mejores experiencias 📷

Explorar el elegante campus del Trinity College

Además de un agradable y sereno paréntesis al bullicio del Dublín moderno, la universidad más prestigiosa de Irlanda ofrece elegantes edificios georgianos y victorianos, plazas empedradas e inmaculados jardines, y está entre los lugares más seductores de la ciudad para pasear.

◎ PLANO P. 48, E1

visittrinity.ie

Old Library y 'Libro de Kells'

Los mayores tesoros del Trinity los custodia la **Old Library** (visittrinity.ie), construida por Thomas Burgh entre 1712 y 1732. La estrella es el *Libro de Kells,* espectacular manuscrito ilustrado de los cuatro evangelios del Nuevo Testamento, obra de monjes de la isla escocesa de Iona (año 800). Más impresionante todavía resulta la **Long Room,** su sala principal, de 65 m, que alberga unos 200 000 de sus volúmenes más antiguos.

También se exhiben un raro ejemplar de la **Proclamación de la República de Irlanda** (leída por Pádraig Pearse al inicio del Alzamiento de Pascua de 1916) y el **arpa de Brian Ború,** que no se usó cuando el ejército de este héroe irlandés derrotó a los daneses en la batalla de Clontarf, en el 1014, pues data de 1400; es una de las arpas más antiguas del país.

La entrada también da acceso a las exposiciones temporales del Pabellón Este.

Front Square y Parliament Square

Cruzando la elegante entrada de la Regent House se topa con Front Sq y Parliament Sq, esta última dominada por un **campanario** de 30 m de altura, diseñado por Edward Lanyon y erigido de 1852 a 1853 sobre lo que, al parecer, era el centro del monasterio que había antes que la universidad. Se dice que los alumnos que pasen por debajo cuando repiquen las campanas suspenderán los exámenes.

A la izquierda se halla el **comedor** de Richard Cassels (s. XVIII) y, enfrente, la **sala de exámenes** construida por sir William Chambers en estilo palladiano en 1785.

★ Consejos

o Se puede ver todo en un **circuito a pie** desde Front Square. (visittrinity.ie/trinity -trails)

o Resérvese en línea una entrada con acceso preferente para ver antes y por menos dinero el *Libro de Kells* y la Long Room.

o Solo se pueden ver dos páginas del *Libro de Kells,* pero en la sala anterior hay una exhibición dedicada a sus ilustraciones.

✖ Una pausa

Probar las creps dulces y saladas de Lemon (p. 52), a dos manzanas de la entrada de College Green.

Kehoes (p. 54), a un paso por Grafton St, es un buen sitio para tomar una pinta.

Historia

Isabel I fundó la universidad en 1592 en unos terrenos confiscados a un priorato agustino a fin de frenar la fuga de jóvenes talentos protestantes dublineses, que partían hacia la Europa continental para estudiar e "infectarse del papismo". Trinity se convirtió en una de las universidades más prominentes del continente, y de sus aulas salieron licenciados notables como Jonathan Swift, Oscar Wilde y Samuel Beckett.

Fellows' Square

Al oeste de la sublime **Berkeley Library,** diseñada en estilo brutalista por Paul Koralek en 1967, el **Arts & Social Science Building** aloja el **Douglas Hyde Gallery of Modern Art** (thedouglashyde.ie), una de las galerías de arte contemporáneas más destacadas del país, donde pueden verse exposiciones temporales que presentan la obra de importantes artistas nacionales e internacionales.

College Park

Hacia el extremo oriental del recinto, es un lugar encantador para disfrutar de un día soleado y, con suerte, ver un partido de críquet: una rareza en Irlanda. Recuérdese que **Lincoln Place Gate** –un práctico atajo a Merrion Sq– se sitúa en su esquina sureste.

Science Gallery

Pese a pertenecer al campus, hay que caminar por Pearse St para llegar a la **Science Gallery.** Desde su inauguración en el 2008 ha gozado de gran éxito por su visión maravillo-

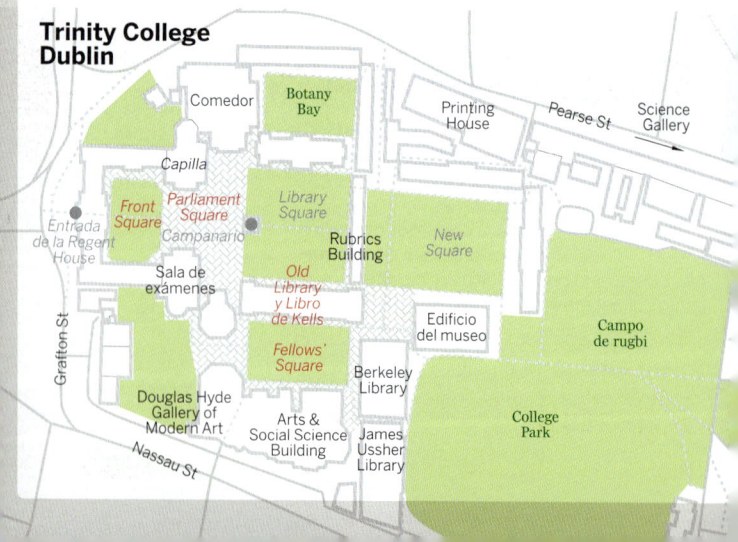

Trinity College Dublin

samente animada e informativa de la relación entre la ciencia, el arte y el mundo en que vivimos. Sus exposiciones han tratado temas tan fascinantes como la ciencia del deseo o explorado el vínculo entre la música y el cuerpo humano. Estaba cerrada al escribir estas líneas, pero debería volver a abrir a lo largo del 2024.

Prohibición católica

Trinity fue exclusivamente protestante hasta 1793, y aun cuando la universidad cedió y empezó a admitir a católicos, la Iglesia católica les prohibió el acceso; de hecho, hasta 1970, todo católico que se matriculara en esta universidad quedaba automáticamente excomulgado.

Campanario.

Las mejores experiencias 📸

Recorrer el castillo de Dublín, antigua sede imperial británica

Quienes busquen un castillo medieval se llevarán un gran chasco, pues el bastión del poder británico en la isla durante 700 años es, en esencia, una construcción del s. XVIII más similar a un palacio ecléctico que a una fortaleza almenada.

🎯 PLANO P. 48, A2

dublincastle.ie

Chapel Royal

Según se entra en el recinto desde Dame St, se observa un buen ejemplo de extravagante arquitectura irlandesa decimonónica: a la izquierda está la Chapel Royal (parte del circuito guiado), en estilo gótico victoriano, con más de 90 bustos de personajes irlandeses y santos. Su exuberante interior luce bóvedas de abanico y cuatripartitas, galerías de madera, vitrales y ángeles esculpidos.

Upper Yard

El recinto del patio superior se corresponde *grosso modo* con las dimensiones del castillo medieval primigenio. A la derecha se halla la alegoría a la Justicia, de espaldas a la ciudad, símbolo apropiado del dominio británico, según los dublineses. Al lado se erige la **Bedford Tower,** construida en 1761 en el antiguo emplazamiento de la puerta normanda original.

Bóveda

El plato fuerte del circuito guiado es la visita a la **excavación vikinga** situada debajo del castillo, descubierta en 1986. Incluye los cimientos vikingos, los sillares cortados a mano en la base del polvorín del castillo medieval original, el portillón con las escaleras que conducen al foso, y el hililo del histórico río Poddle, cuyo caudal antaño llenaba el foso de camino al Liffey.

Resto del castillo

Anejo a la Chapel Royal está la normanda **Record Tower,** la última torre medieval intacta de Dublín, que en el momento de nuestra visita estaba en proceso de remodelación. El circuito guiado concluye con la visita a los contiguos aposentos **State Apartments** (s. xviii), grandilocuente ejemplo de boato imperial.

★ Consejos

○ La única forma de ver las secciones más interesantes del castillo es con el circuito guiado.

○ El castillo acoge esporádicamente actos gubernamentales que obligan a cerrar ciertas zonas al público.

✘ Una pausa

Pi Pizza (p. 52), al este por Great George St, es un sitio estupendo para almorzar.

El Old Town Cafe (p. 53), genial para recargar pilas, está en una tranquila plaza al sur del castillo.

Grafton St y alrededores Castillo de Dublín

Las mejores experiencias 📷

Admirar obras insólitas en la Chester Beatty Library

Alojada en la torre del reloj situada en la parte posterior del castillo de Dublín, esta biblioteca de renombre mundial no solo es el mejor museo pequeño de Irlanda, sino también uno de los más destacados de Europa. Su extraordinaria colección, reunida por el magnate neoyorquino de la minería Alfred Chester Beatty, es de una belleza impactante y no deja indiferente.

◎ PLANO P. 48, A3

chesterbeatty.ie

Arts of the Book

Repartida en dos niveles, la compacta pero asombrosa colección *"Arte del Libro"* atesora obras de arte de Occidente, Oriente y el mundo islámico; a destacar su formidable repertorio de libros de jade chino, los Libros de los Muertos de los antiguos egipcios y textos europeos ilustrados de exquisita caligrafía. Hay, además, muestras audiovisuales que explican el proceso de encuadernación, fabricación de papel e impresión.

Tradiciones sagradas

La 2ª planta ofrece un maravilloso recorrido por los principales credos del mundo a través del arte sacro y decorativo, reveladores textos y un curioso vídeo cultural que se proyecta a la entrada. La colección de coranes de los ss. IX-XIX (la biblioteca cuenta con más de 270 ejemplares) es, según los expertos, el mejor ejemplo de textos islámicos ilustrados del mundo. También contiene extraordinarios papiros antiguos, incluidos conocidos poemas de amor egipcios del s. XII y algunos de los primeros evangelios ilustrados de la historia, fechados en torno al 200 d.C. Redondean la colección varios pergaminos magníficos y obras de arte de China, Japón, el Tíbet y el sureste asiático, incluido el pergamino japonés de dos volúmenes *Chogonka*, pintado por Kano Sansetu en el s. XVII.

★ Consejos

o Hay circuitos gratuitos los miércoles a las 17.30, sábados a las 11.00 y domingos a las 15.00.

o El jardín de la azotea es un remanso de paz.

o El museo organiza charlas y proyecta películas gratis; más información en línea.

✗ Una pausa

Son un manjar los meze del **Silk Road Café** del museo (silkroadkitchen.ie).

Chez Max (chezmax. com), junto a la entrada del castillo de Dame St, es un sensacional bistró francés.

Circuito a pie

Paseo por St Stephen's Green

La más popular y querida zona verde de Dublín es St Stephen's Green, conocido a secas como "the green", donde los oficinistas se remangan para almorzar un sándwich al sol, las parejas de enamorados se roban un beso sobre el césped y los niños dan miguitas de pan a los agradecidos patos.

Datos

Inicio Fusilier's Arch

Final Cementerio hugonote

Distancia 2,5 km; 30 min

❶ Fusilier's Arch

La entrada principal de St Stephen's Green, una versión reducida del Arco de Tito en Roma, está en el extremo superior de Grafton St. El arco rinde homenaje a los 212 soldados de la Royal Dublin Fusiliers que perdieron la vida luchando para los británicos en la guerra de los Bóeres (1899-1902).

❷ Unitarian Church

Si se camina por el lado oeste del parque, junto a la impactante fachada del Royal College of Surgeons, se verá que sus columnas aún presentan marcas de proyectil ocasionadas durante el Alzamiento de Pascua. Poco después se encuentra la **Unitarian Church** (dublinunitarianchurch.org), una iglesia de 1863 que está entre las preferidas por los dublineses para casarse.

❸ Iveagh Gardens

Se cruza hacia Harcourt St para pasar por el nº 4 (a la dcha.) de esta calle, lugar de nacimiento de sir Edward Carson, fundador del unionismo de Irlanda del Norte. A la vuelta, en la esquina con Clonmel St, están los hermosos **Iveagh Gardens,** diseñados en 1863 por Ninian Niven como el jardín privado de la casa homónima.

❹ Iveagh House

Tras regresar a St Stephen's Green, se gira a la derecha por el extremo sur del parque. Enfrente se yergue la **Iveagh House,** cuya imponente e inmaculada fachada neoclásica data de 1862. Donada al Estado en 1939, hoy es la sede del Ministerio de Asuntos Exteriores.

❺ 'Las tres parcas'

Cruzando la entrada sureste del parque se observa una fuente con una **estatua** de bronce en el medio que representa a las tres parcas. Obra del artista Joseph Wackerle, es un regalo efectuado por el pueblo alemán a Irlanda en 1956 por acceder a acoger a 500 niños refugiados tras la II Guerra Mundial.

❻ Tonehenge

Cruzando el centro del parque se verán un quiosco de música de 1887 y elegantes parterres antes de salir al extremo noreste. Junto a la entrada hay un monumento conmemorativo a las víctimas de la gran hambruna, empequeñecido, eso sí, por los bloques de piedra verticales que rodean la estatua de Wolfe Tone que explican su apodo: **Tonehenge.**

❼ Beaux Walk

Al otro lado de la calle, de camino a Merrion Row, se topa con el diminuto **cementerio hugonote,** creado en 1693 por refugiados protestantes franceses. Antiguamente, al paseo de vuelta a Grafton St se lo conocía como el Beaux Walk, que hoy sigue luciendo refinados edificios como el Shelbourne Hotel.

Grafton St y alrededores

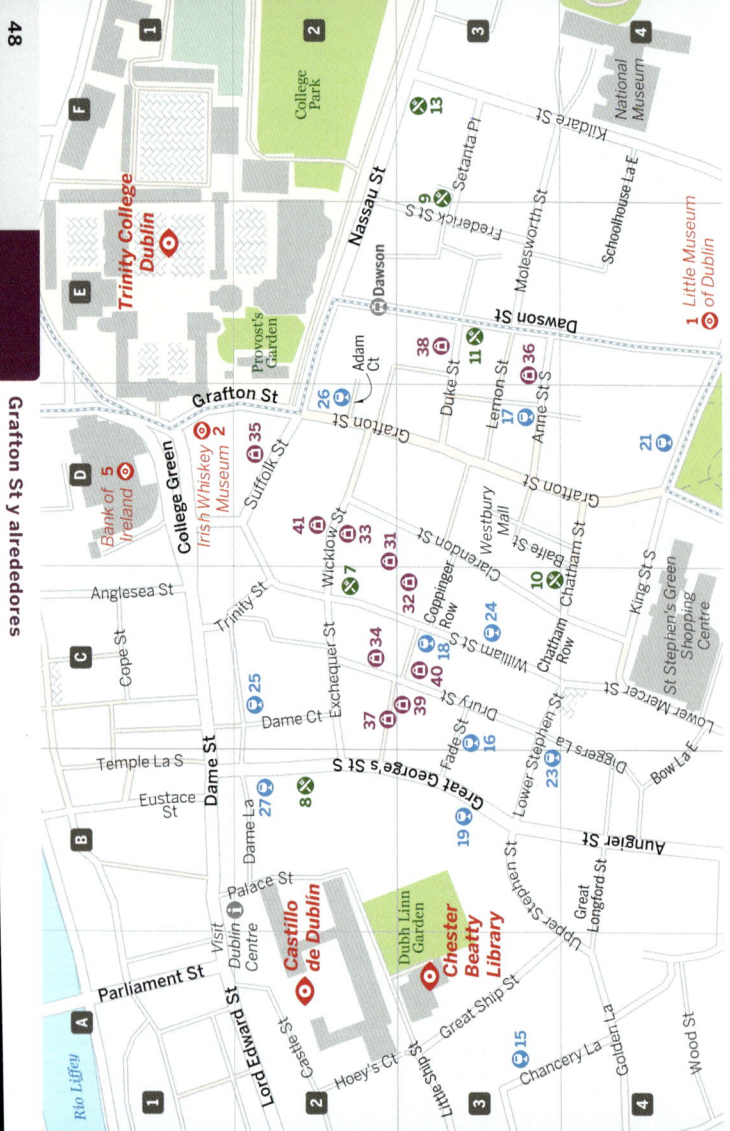

Río Liffey

Trinity College Dublin

College Park

College Green

Bank of Ireland 5

Irish Whiskey Museum 2

Provost's Garden

Grafton St

Nassau St

Dawson St

Setanta Pl

Frederick St S

Molesworth St

Schoolhouse La E

Kildare St

National Museum

Little Museum of Dublin 1

13

9

38

11

36

17

Duke St

Lemon St

Anne St S

Dawson St

26

Adam Ct

35

Suffolk St

41

33

7

31

32

24

34

18

40

39

37

16

25

Trinity St

Wicklow St

Exchequer St

Dame Ct

Coppinger Row

William St S

Drury St

Clarendon St

Westbury Mall

Balfe St

Chatham St

Chatham Row

Fade St

Great George's St S

10

Digges La

Lower Stephen St

Lower Mercer St

Bow La E

King St S

St Stephen's Green Shopping Centre

Aungier St

23

27

8

19

15

Dame Ct

Dame La

Temple La S

Eustace St

Dame St

Cope St

Anglesea St

Palace St

Visit Dublin Centre

Castillo de Dublin

Castle St

Hoey's Ct

Lord Edward St

Parliament St

Dubh Linn Garden

Chester Beatty Library

Little Ship St

Great Ship St

Upper Stephen St

Great Longford St

Chancery La

Golden La

Wood St

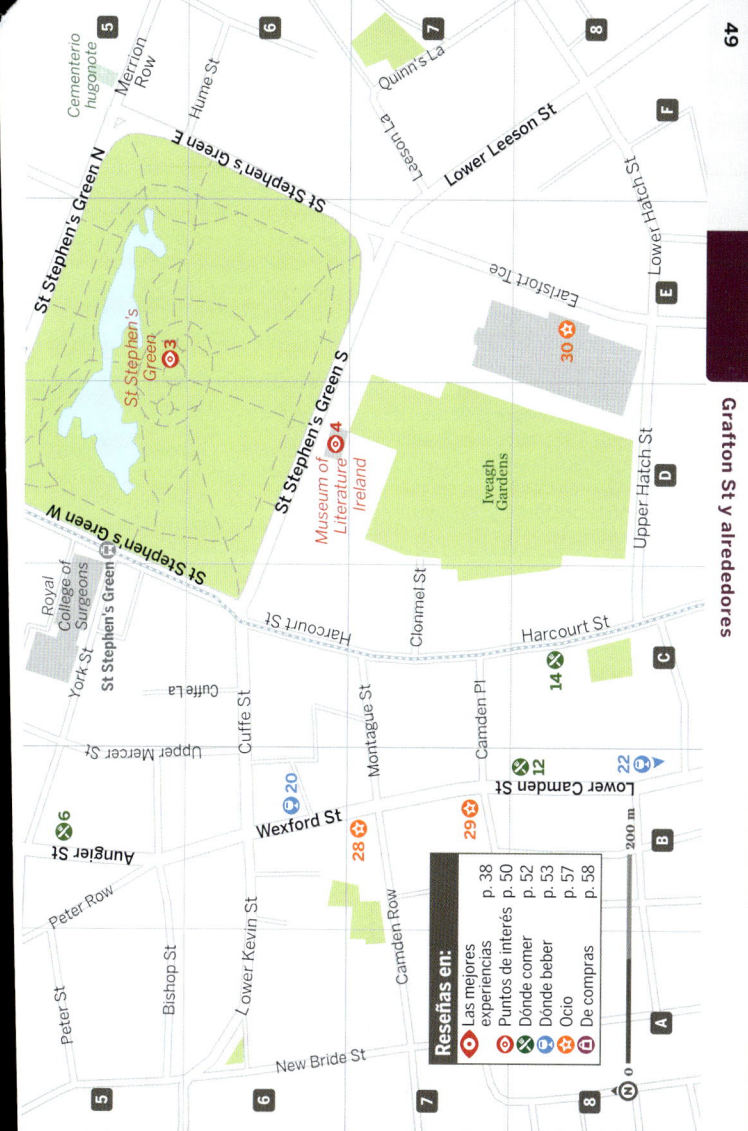

Cementerio hugonote

Merrion Row

Hume St

Quinn's La

Leeson La

Lower Leeson St

St Stephen's Green N

St Stephen's Green E

Earlsfort Tce

Lower Hatch St

St Stephen's Green

3

Museum of Literature Ireland

4

30

St Stephen's Green S

Iveagh Gardens

Upper Hatch St

F

E

D

St Stephen's Green W

Royal College of Surgeons

St Stephen's Green

Harcourt St

Clonmel St

Harcourt St

14

C

York St

Cuffe La

Cuffe St

Montague St

Camden Pl

Upper Mercer St

Wexford St

20

Lower Camden St

12

22

Aungier St

9

28

29

B

Peter Row

Camden Row

Bishop St

Lower Kevin St

Peter St

New Bride St

200 m

A

N

0

Reseñas en:

	Las mejores experiencias	p. 38
	Puntos de interés	p. 50
	Dónde comer	p. 52
	Dónde beber	p. 53
	Ocio	p. 57
	De compras	p. 58

5

6

7

8

5

6

7

8

Puntos de interés

Little Museum of Dublin MUSEO

1 ◎ PLANO P. 48, E4

Este galardonado museo documenta la historia de Dublín durante el último siglo mediante reliquias, fotografías y objetos. La impresionante colección, repartida por las salas de una bonita casa georgiana, incluye un atril que usó John F. Kennedy en 1963 y una copia original de la funesta misiva entregada a los emisarios irlandeses durante las negociaciones del tratado de 1921, cuyas contradictorias indicaciones fueron clave en las desavenencias que desencadenaron la posterior guerra civil. (littlemuseum.ie)

Irish Whiskey Museum MUSEO

2 ◎ PLANO P. 48, D1

Quienes quieran saber más acerca de una de las bebidas más famosas del país, aquí descubrirán por qué los irlandeses lo llaman *uisce beatha* (agua de vida), cómo se fue a pique su comercio en Dublín o el motivo de su auge actual. La visita guiada (cada ½ h, 10.30-17.30) permite probar un mínimo de tres variedades. (irishwhiskeymuseum.ie)

St Stephen's Green PARQUE

3 ◎ PLANO P. 48, E5

Al observar los grupos de amigos, enamorados y viandantes que disfrutan de las 9 Ha elegantemente ajardinadas del pulmón más popular de la ciudad, cabe recordar que esto fue en su día una plaza donde se realizaban azotamientos, se quemaba en la hoguera y se ahorcaba en público. Hoy, lo más grave que le puede pasar a uno es que le eche el guarda por pisar los parterres. Los edificios que rodean la plaza datan en su mayoría de mediados del s. XVIII, cuando se decidió ajardinar la zona y esta pasó a convertirse en el principal reclamo del Dublín georgiano. En el lado oriental de *the green* hay una zona de columpios y, al sur, un coqueto quiosco de música, erigido en 1887 con motivo del jubileo de la reina Victoria y donde en verano suelen ofrecerse actuaciones musicales. Cerca del quiosco hay un busto de James Joyce.

Irish Whiskey Museum.

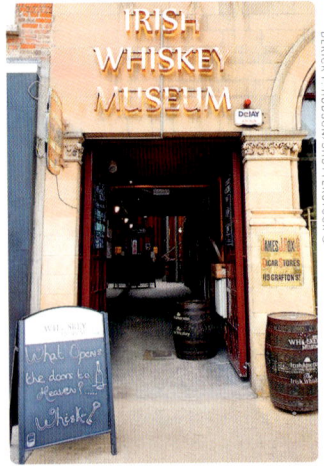

Museum of Literature Ireland

MUSEO

4  PLANO P. 48, D6

Espacio digital e interactivo que explora el rico legado literario del país, desde la Edad Media a la actualidad. Destacan unos cuadernos del *Ulises* de James Joyce y un ejemplar de la primera impresión de la novela. El museo ocupa dos despampanantes casas adosadas georgianas que reciben el nombre de Newman House y donde en 1865 nació la Universidad Católica de Irlanda, alma mater de Joyce, Pádraig Pearse y Éamon de Valera. (moli.ie)

Bank of Ireland

EDIFICIO NOTABLE

5 PLANO P. 48, D1

Este soberbio edificio, una inmensa estructura palladiana que ocupa un costado de College Green, fue el primer Parlamento bicameral del mundo y la sede del Parlamento irlandés hasta 1801. El edificio original (la sección central porticada que distingue la estructura actual) fue diseñado por sir Edward Lovett Pearce en 1729 y culminado por James Gandon en 1733.

Parque St Stephen's Green.

Las mejores tiendas

Resultan de particular interés los comercios diseminados por el entramado de calles entre Grafton St y South Great George's St, donde, además, se concentran muchos de los sitios más rentables para almorzar.

Dónde comer

Dublin Pizza Company   PIZZA €

6 PLANO P. 48, B5

Unas de las mejores *pizzas* al horno de leña de la ciudad, con ingredientes ecológicos e ideales para llevar. Si el viajero prefiere comer sentado puede llevar su *pizza* al **Swan** (theswanbar.com), el *pub* de enfrente. (dublinpizzacompany.ie)

Pepper Pot   CAFÉ €

Todo se hornea y elabora a diario en el encantador café (véase **31**) en la terraza de la 1ª planta del Powerscourt Townhouse (p. 58). La ensalada tibia con pan integral casero es una delicia, pero la verdadera protagonista es la sopa del día. (thepepperpot.ie)

Lemon   CREPS €

7 PLANO P. 48, C2

De parada obligada, ofrece una amplia selección de creps dulces y saladas –de rellenos variados y deliciosos y con generosos ingredientes por encima–, además de

un café exquisito y un ambiente animado. (lemonco.com)

Pi Pizza   PIZZA €

8 PLANO P. 48, B2

Este fabuloso establecimiento es un serio contendiente a la mejor pizzería del lugar. Su acotada carta se reduce a diez opciones, inspiradas interpretaciones todas ellas de clásicos napolitanos. Son muy recomendables la de *funghi* (setas) y la de *prosciutto* (jamón) ahumado, ambas 'blancas', sin tomate. (pipizzas.ie)

Library Street   DE AUTOR €€

9 PLANO P. 48, F3

Tras su paso por un restaurante londinense con estrellas Michelin (The Ninth), Kevin Burke volvió a Dublín para abrir, a finales del 2021, este lugar que ya es uno de los más solicitados de la ciudad gracias a una exitosa fórmula que aúna alta cocina a precios razonables, platos *gourmet* pensados para compartir y un ambiente acogedor en el que tienen cabida desde grandes grupos a comensales en solitario. (librarystreet.ie)

Glas   VEGETARIANA €€

10 PLANO P. 48, C3

Como corresponde a uno de los grandes de la alta cocina vegetariana local, Glas ("verde" en gaélico irlandés) está envuelto en fronda y suculentas con coloridos toques aquí y allá, que abarcan desde flores naturales a arte de inspiración botánica, lo que le da un ambiente informal al estilo de una atractiva sala de estar. La carta, fundamentada en la imaginación y el sabor, ofrece platos como *rillettes* de zanahoria y apionabo asado con crema de castañas. (glasrestaurant.ie)

Featherblade ASADOR €€

11 🍴 PLANO P. 48, E3

Este restaurante especializado en carnes con una excelente relación calidad-precio destaca por cortes de ternera poco típicos −como la *picanha* o su distintivo *featherblade*−. Las hamburguesas (hechas con falda ahumada, lomo bajo madurado y sebo de ternera) son una explosión de sabor que se derrite en la boca. La carta de vinos, nada desorbitada, comprende varios caldos de barril. (featherblade.ie)

Hang Dai CHINA €€

12 🍴 PLANO P. 48, B8

Se necesita reserva para sentarse a la barra o en alguno de los compartimentos de este local tan en boga cuyo diseño transportará al comensal al interior de un vagón de tren. La tenue luz rojiza y la sensual banda sonora crean un ambiente de cine porno de la década de 1970. Aun así, la comida (versiones contemporáneas de clásicos chinos) es celestial. (hangdaichinese.com)

Pig's Ear IRLANDESA MODERNA €€

13 🍴 PLANO P. 48, F3

Frente a los terrenos de juego del Trinity College (p. 38), este restaurante formal y moderno por igual se despliega en dos niveles y goza de fama por su exquisita e innovadora cocina patria, con creaciones como costilla de cerdo ahumada, entrecot de ternera irlandesa con encurtidos y ajo negro, o un soberbio *shepherd's pie* a fuego lento. (thepigsear.ie)

Sophie's @ The Dean ITALIANA €€

14 🍴 PLANO P. 48, C8

Es quizá el marco más seductor de Dublín: un restaurante en el piso alto de una casa acristalada con sublimes vistas, donde paladear singulares versiones de cocina italiana. Las deliciosas *pizzas* se coronan de ingredientes tradicionales y el bistec de 225 gramos lo preparan a la perfección. Muy buenos desayunos. (sophies.ie/location/dublin)

Dónde beber

Old Town Cafe CAFÉ

15 🍵 PLANO P. 48, A3

En una recoleta plaza cercana al castillo de Dublín, este moderno local de buen ver despacha excelente café y repostería recién horneada, además de suponer una oportuna tregua al fragor turístico de Dame St y Temple Bar. (oldtowncafe.ie)

No Name Bar

BAR

16 PLANO P. 48, C3

Una discreta entrada junto al moderno restaurante francés **L'Gueuleton** (lgueuleton.com) lleva, escaleras arriba, hacia uno de los bares más vistosos de la ciudad: tres enormes salas en una casa victoriana adosada, más un generoso patio calefactado para fumadores. Carece de letrero; lo llaman No Name Bar. (nonamebar dublin.com)

Kehoes

PUB

17 PLANO P. 48, D3

Premiado con una bella barra victoriana y una acogedora sala lateral, es tal el éxito generacional de este modélico *pub* tradicional que las dependencias del dueño (en el

Pinta de Guinness.

piso superior) se han convertido en una ampliación. Ha bastado retirar el mobiliario y añadir una barra. Sencillo. (kehoesdublin.ie)

Grogans Castle Lounge

PUB

18 PLANO P. 48, C3

Así llamado en honor a su primer propietario, el Grogan's es toda una institución del centro, un bar muy del gusto de escritores, pintores y bohemios que acuden a disfrutar de una pinta de Guinness bien tirada mientras esperan el salto a la fama. (groganspub.ie)

Long Hall

PUB

19 PLANO P. 48, B3

Clásico victoriano que se sitúa entre los *pubs* más hermosos y queridos de la ciudad. Repárese en las recargadas tallas de madera tras la barra y en sus fastuosas arañas de luces. Los bármanes conocen bien su oficio.

Against the Grain

CERVEZA ARTESANA

20 PLANO P. 48, B6

Los entusiastas de la cerveza artesana estarán en su elemento en este excelente *pub* propiedad de Galway Bay Brewery, con una mareante selección de *ales* y cervezas de presión; el personal dar a probar a los indecisos. Las alitas son un buen acompañamiento si se planea quedarse un rato (galwaybaybrewery.com/against thegrain)

9 Below

BAR

21 PLANO P. 48, D4

Lujoso bar alojado en un sótano de St Stephen's Green, con trajinados pero acogedores rincones donde esconderse cóctel en mano. La carta de *whiskeys,* aunque amplia, depara alguna que otra sorpresa: pueden cobrar más de 100 € por un chupito de las marcas más caras. Interesa reservar. (9below.ie)

J. O'Connell

PUB

22 PLANO P. 48, B8

Lo más parecido a un *pub* rural que uno encontrará en la capital es el típico lugar que atrae a una fiel parroquia de lugareños. Buena selección de cerveza de barril.

P. Mac's

BAR

21 PLANO P. 48, B3

Bohemia apuesta llena de muebles de época desparejados, vasos de pinta de estilo estadounidense y música alternativa que se escora hacia la década de 1990. De sus incontables grifos mana una amplísima variedad de cerveza artesana. (facebook.com/pmacspub)

Clement & Pekoe

CAFÉ

24 PLANO P. 48, C3

Suelos de nogal, arañas *art déco,* preciosos tarros de té a modo de decoración… El café favorito de este autor es esta versión contemporánea de un salón de té eduardiano: el marco ideal para disfrutar de una enorme variedad de tés a granel y cafés preparados

Kehoes.

Vegetarianos favoritos

• **Aobaba** Vietnamita baratísimo y sin florituras en Capel St. Nunca falla la sopa especiada con fideos y verduras. Ideal para paladares vegetarianos ávidos de algo distinto. €

• **It's a Trap** En Aungier St se encuentra este café vegano de dirección familiar que sirve la taza de café más consistente al sur del Liffey. No hace falta ser vegano para extasiarse con sus rollos de canela. €

• **Loose Canon** (loosecanon.ie) Maravilloso para disfrutar de una copa de vino natural mientras se ve el trasiego. En verano, su terraza regala unas vistas estupendas de la animada Drury St. €

Recomendado por Róisín Lawlor, *propietaria de The Saucy Cow, @thesaucycow_*

con esmero, apuntalada por una selección de tartas. (clementand pekoe.com)

Farrier & Draper   CLUB

Opulento bar (véase **31** 🍸) que combina llamativa parafernalia de tiempos de la Ley Seca (ligueros, gorras que sacadas de *Peaky Blinders*…) y pompa georgiana (techos altos, cantidades ingentes de cuadros…). Escaleras arriba, en lo que otrora eran las dependencias privadas de la vizcondesa Powerscourt, hay un bar y club (conviene reservar) que abre hasta las tantas; en la planta baja, una preciosa coctelería (no se exige reserva); y en el sótano, el restaurante italiano La Cucina. (farrieranddraper.ie)

Stag's Head   PUB

25 🍸 PLANO P. 48, C2

Inaugurado en 1770, remodelado en 1895 y, por suerte, conservado intacto desde entonces, el "cabeza de ciervo" es un magnífico *pub* tan pintoresco que con frecuencia se utiliza para rodar películas e incluso aparece en una serie de sellos dedicada a los bares irlandeses. Excelente en mayúsculas. (stagshead.ie)

Mother   CLUB

26 🍸 PLANO P. 48, D2

La mejor noche de fiesta de la ciudad es al parecer la que acoge esta discoteca de ambiente en la que no se discrimina a nadie: lo frecuenta una ecléctica parroquia que, con independencia de su inclinación sexual, se entrega a sus fantásticos DJ, nacionales y de fuera, que pinchan desde música disco a tecno pop y otros ritmos bailables. (motherclub.ie)

George   GAY

27 🍸 PLANO P. 48, B2

La madre de los bares locales de ambiente es esta incombustible institución que en su día era el único sitio abiertamente gay.

No pierde fuelle la legendaria noche de bingo presentada cada domingo por Shirley Temple Bar, mientras que el Witchy Wednesday acoge una espeluznante noche de *drags* y DJ. (thegeorge.ie)

Ocio

Whelan's
MÚSICA EN DIRECTO

28 ⭐ PLANO P. 48, B7

La que quizá sea la sala de conciertos más emblemática de Dublín ocupa un espacio de tamaño intermedio contiguo a un bar de toda la vida. Se la considera el hogar espiritual del cantautor, pues después de cada actuación es costumbre que los músicos se codeen con sus fans en el bar. (whelanslive.com)

Devitt's
MÚSICA EN DIRECTO

29 ⭐ PLANO P. 48, B7

También conocido como el Cusack Stand, es uno de los escenarios preferidos de la capital, con sesiones todas las noches a la altura de cualquier sala del centro. Muy recomendable. (devittspub.ie)

National Concert Hall
MÚSICA EN DIRECTO

30 ⭐ PLANO P. 48, E8

El principal auditorio sinfónico del país ofrece durante todo el año una programación de conciertos y espectáculos cada vez más variados, como entrevistas a autores y recitales de poesía. (nch.ie)

National Concert Hall.

TOMASZ WOZNIAK/SHUTTERSTOCK ©

Grafton St y alrededores Ocio

De compras

Powerscourt Townhouse
CENTRO COMERCIAL

31 🔒 PLANO P. 48, D2

Construido de 1741 a 1744, este arrebatador espacio comercial instalado en una casa georgiana es hoy más conocido por sus cafés y restaurantes, aunque no anda escaso de exclusivas tiendas de alta costura, arte, artesanía de categoría y artículos diversos de lo más chic. (powerscourtcentre.ie)

Chupi
JOYERÍA

32 🔒 PLANO P. 48, C3

Excepcional joyería moderna inspirada en los paisajes irlandeses orientada a gente con estilo. Su bonita tienda, en la planta superior del Powerscourt Townhouse, también seduce con sus prendas y accesorios de diseño nacional. (chupi.com)

Article
MENAJE

Preciosas vajillas y artículos de decoración para el hogar realizados por diseñadores irlandeses (véase **31** 🔒), muy indicados para regalar algo único y de buen gusto. (article.ie)

Siopaella
MODA Y ACCESORIOS

33 🔒 PLANO P. 48, D2

Especializada en ropa y accesorios de lujo de segunda mano (bolsos Hermès Birkin, creaciones de Versace, etc.), no hay mejor sitio para echarle el guante a prendas de diseño de ocasión a precios razonables. (siopaella.com)

Irish Design Shop
ARTE Y ARTESANÍA

34 🔒 PLANO P. 48, C2

Desde joyería a utensilios de cocina, todos los preciosos e imaginativos artículos de esta tienda han sido seleccionados por sus propietarios, Clare Grennan y Laura Caffrey. Es parada obligada para un recuerdo o un regalo atractivo. (irishdesignshop.com)

Avoca Handweavers
ARTE Y ARTESANÍA

35 🔒 PLANO P. 48, D2

Ropa, menaje, alimentación y un fantástico café en la planta superior: Avoca, una marca que promueve un estilo de vida refinado y relajado al tiempo, es uno de los mejores sitios para un regalo original. Muchos de sus artículos textiles han sido tejidos y teñidos en su fábrica de Wicklow. La sección infantil es fantástica. (avoca.ie)

Sheridans Cheesemongers
COMIDA

36 🔒 PLANO P. 48, E3

El edén de los amantes del queso se caracteriza por sus estantes repletos de piezas enteras artesanas, traídas de diferentes puntos del país por Kevin y Seamus Sheridan, quienes han logrado revivir el comercio de quesos rurales. (sheridanscheesemongers.com)

George's Street Arcade

MERCADO

37 🔒 PLANO P. 48, C2

El mercado no gastronómico más destacado de Dublín ocupa una elegante galería comercial gótica victoriana a cubierto. Además de tiendas y puestos de ropa nueva y usada, libros de ocasión, sombreros, pósteres, bisutería y vinilos, hay un futurólogo, varios sitios de picoteo selecto y un ajetreado local de *fish and chips.* (georges streetarcade.ie)

Ulysses Rare Books

LIBROS

38 🔒 PLANO P. 48, E3

La librería dublinesa preferida de este autor cuenta con una amplia e interesante colección de obras de temática irlandesa (destaca la literatura del s. xx) y una extensa sección de primeras ediciones, incluidos ejemplares raros de grandes literatos nacionales: Joyce, Yeats, Beckett y Wilde. (rarebooks.ie)

Barry Doyle Design Jewellers

JOYERÍA

39 🔒 PLANO P. 48, C3

Esta joyería –accesible por unas escaleras– figura entre las mejores de su estilo de Dublín. Sus piezas, excepcionales por su belleza y sencillez, están hechas a mano con oro blanco, plata e incluso espléndidas piedras preciosas y semipreciosas; casi todas tienen influencias afroceltas. (barrydoyle design.com)

Costume

ROPA

40 🔒 PLANO P. 48, C3

Marcando siempre tendencias, Costume está repleto de ropa, calzado y accesorios de diseñadores innovadores como Rupert Sanderson, Isabel Marant, Yves Salomon o Zadig & Voltaire. (costumedublin.ie)

Louis Copeland

ROPA

41 🔒 PLANO P. 48, D2

El equivalente local del célebre Savile Row londinense confecciona fabulosos trajes a medida y tiene unas cuantas creaciones listas para vestir de diseñadores internacionales. Hay otra sucursal en **Capel St.** (louiscopeland.com)

George's Street Arcade.

Explorar

Merrion Square y alrededores

La apoteosis del Dublín georgiano la ejemplifican a la perfección las elegantes plazas Merrion y Fitzwilliam. Aquí se encontrarán imponentes edificios públicos, museos, oficinas privadas, viviendas particulares... Bellezas neoclásicas, en definitiva, que se remontan al apogeo de la ciudad en el s. XVIII y donde ahora trabaja y se divierte buena parte de la clase pudiente local.

Lo esencial

○ **National Gallery (p. 64)** *Escudriñar las obras maestras de la colección de arte más excelsa de Irlanda.*

○ **Museum of Natural History (p. 69)** *Visitar este antiguo museo que apenas ha cambiado desde su apertura a mediados del s. XIX.*

○ **National Museum of Ireland – Archaeology (p. 62)** *Descubrir los fascinantes tesoros del repositorio más importante de cultura irlandesa.*

○ **O'Donoghue's (p. 74)** *Una noche de música y cerveza en el pub tradicional irlandés por excelencia.*

○ **Fine Dining (p. 72)** *Darse un festín en algunos de los mejores restaurantes de Dublín.*

Cómo llegar y desplazarse

🚌 Casi todos los autobuses llegan hasta aquí (o dejan cerca).

🚉 La parada más cercana del DART es Pearse St, con entrada en Westland Row.

🚶 Merrion Sq dista menos de 500 m de St Stephen's Green (y de Grafton St).

Plano de la zona en p. 68.

Merrion Square Park. SPIROVIEW INC/GETTY IMAGES ©

Descubrir el pasado en el National Museum of Ireland – Archaeology

Madre de los museos irlandeses y a la cabeza de las instituciones culturales del país, esta es la más importante de sus cuatro sedes, dotada de la mejor colección de Europa de piezas de oro de la Edad de Hierro y de Bronce (la selección más completa de orfebrería celta del mundo) y fascinantes reliquias prehistóricas y vikingas.

🎯 PLANO P. 68, A3

museum.ie

Ór – Ireland's Gold

La primera muestra que se ve al entrar en el museo cuenta con joyas y objetos decorativos de oro celtas de entre los años 2200 y 500 a.C., en la Edad de Bronce. Entre ellos hay colgantes en forma de medialuna denominados *lunulae*, hechos con láminas de oro y decorados con hileras concéntricas de puntos, cruces, triángulos y diseños en zigzag. Más espectaculares aún son los torques (collares rígidos) y brazaletes de oro trenzado, el **tesoro de Tumna** (con nueve grandes esferas de oro) y el **tesoro de Mooghaun** (150 collares y brazaletes de oro cuyo peso supera los 5 kg).

The Treasury

Aquí se custodian las piezas más famosas del país: el **cáliz de Ardagh** (s. VIII), de oro, plata, bronce, latón, cobre y plomo, es el más sublime ejemplo conocido de arte celta. El **broche de Tara,** realizado mayormente en bronce blanco hacia el 700 d.C., era el cierre de una capa. También en esta sección se exhiben la **campana de San Patricio,** la **cruz de Cong** (s. XIII) y el **tesoro de Broighter,** que incluye un incomparable collar de oro del s. I y un delicado barco de oro de bella factura.

Realeza y sacrificios

Uno de los principales reclamos del museo es la colección de **momias de los pantanos** de la Edad de Hierro: cuatro figuras en distintos estados de conservación extraídas de las turberas de la región central. No dejan indiferente algunos detalles de los cuerpos (una maraña de pelo, piernas fibrosas, uñas de los dedos intactas…), y hay un aspecto que dará que pensar: los expertos creen que esos cuerpos fueron víctimas de torturas y sacrificios rituales, precio a pagar por ser figuras notables del mundo celta.

★ Consejos

o Si no importa ir en grupo, unirse a un circuito guiado (gratis, 14.00 sa) es ideal para exprimir al máximo el museo.

o Para visitar el museo sin el gentío lo mejor es ir por la tarde entre semana, cuando ya no hay grupos escolares; evítense las vacaciones escolares.

✕ Una pausa

Tanto el Ely Place como el Ely Wine Bar (p. 72), al sur, sirven cocina tradicional irlandesa.

El Shelbourne (p. 67), a la vuelta de la esquina, es un buen sitio para merendar; para tomar algo, mejor el Horseshoe Bar.

Las mejores experiencias 📷
Sumergirse en el arte de la National Gallery

Un asombroso Caravaggio y una sala llena de obras de Jack B. Yeats, el mayor exponente pictórico irlandés, son solo algunos alicientes de esta sensacional colección. Desde las 125 obras originales ha llegado –principalmente gracias a donaciones– hasta las 13 000 obras; y ahora incluye óleos, acuarelas, bocetos, grabados y esculturas.

◉ PLANO P. 68, B2

nationalgallery.ie

BENOIT G···

···STOCK ···

'El beso de Judas'

La estrella indiscutible del museo es el magistral *El beso de Judas* de Caravaggio, en el que el atormentado genio italiano aplica un tratamiento figurado y metafórico para iluminar la escena (el propio artista aparece retratado, sosteniendo un farol). Hay lienzos, también, de Fra Angelico, Tiziano y Tintoretto.

Arte irlandés

El énfasis recae en el arte patrio en esta sala dominada por *Estudio del artista* de John Lavery, *Joven bretona* de Roderic O'Conor y *La cultivadora de patatas* de Paul Henry. Pero su mayor baza, digna de examinarse con detenimiento, es la **Yeats Room,** con 18 obras de este impresionista sin igual que es, para muchos, el mayor artista que ha dado el país. Algunos de sus lienzos más aplaudidos son *Carrera de nadadores en el Liffey, Hombres del destino* y *Por encima de la feria*.

Colecciones francesa y española

La sección gala contiene la famosa pintura decimonónica de Jules Breton *Las espigadoras,* amén de obras de Monet, Degas, Pissarro y Delacroix, mientras que España está representada por la extrañamente desaliñada *Naturaleza muerta con mandolina* de Picasso y algún que otro óleo del Greco y Goya, además de un Velázquez de sus inicios.

Colección Vaughan

Una de las muestras más populares tiene lugar exclusivamente en enero, cuando el museo acoge su exposición anual de la Colección Vaughan, que comprende acuarelas de Joseph Mallord William Turner (1775-1851). Las 31 obras que componen la colección solo se exhiben en esta época para evitar que la sobreexposición a la luz dañe sus delicados pigmentos.

★ Consejos

o El mejor momento para la galería es el jueves por la tarde, cuando abre hasta tarde y el número de visitantes es menor.

o Hay varias visitas guiadas temáticas gratuitas que, por lo general, arrancan a entre las 13.30 y las 14.30; más detalles en la web.

✕ Una pausa

Musashi Hogan Place (p. 72) es un buen sitio para almorzar sushi.

Una vez ahíto de arte, nada mejor que el Doheny & Nesbitt (p. 75) para charlar tomando una pinta.

Circuito a pie 🥾

Lo mejor del Dublín georgiano

Aunque Dublín es conocido por derecho propio como una ciudad georgiana y muchos de sus edificios se erigieron en aquel período (1714-1830), el estilo tuvo una influencia tal en el diseño de la ciudad que más de un siglo después seguía replicándose.

Datos

Inicio Kildare St
Final National Gallery
Duración 1,7 km; 1 h

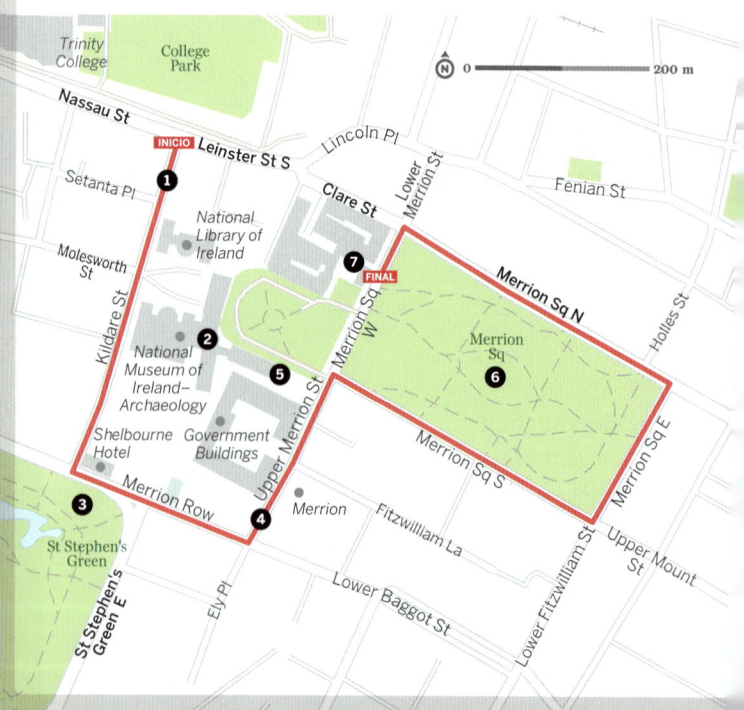

❶ Kildare St

La ruta comienza en el extremo norte de **Kildare St,** así llamada por James Fitzgerald, duque de Leinster, quien rompió con lo establecido en el s. XVIII al mudarse al entonces poco seductor Southside. "Allá donde vaya, la sociedad me seguirá", predijo, y el tiempo le dio la razón.

❷ Leinster House

Justo después de la **National Library of Ireland** (p. 70), diseñada por Deane, se alza la **Leinster House** (p. 70), mole palladiana que Richard Cassels construyó entre 1745 y 1748 por encargo de Fitzgerald y que, además de ser la actual sede del Parlamento irlandés, sirvió de inspiración a James Hoban al diseñar la Casa Blanca.

❸ St Stephen's Green

El siguiente edificio en esta calle es el **National Museum of Ireland – Archaeology** (p. 62), también obra de Deane, que abrió sus puertas en 1890 y desde entonces custodia los tesoros culturales más valiosos del país. Al final de la calle está **St Stephen's Green** (p. 50), plaza favorita de los dublineses.

❹ Merrion Street

Tras torcer a la izquierda por Merrion Row (en paralelo al parque), se pasa junto al histórico **Shelbourne Hotel** (theshelbourne. com). Luego, se gira otra vez a la izquierda por **Upper Merrion St** y, a mano derecha, en el nº 24 de la elegante hilera de casas georgianas, se encuentra el lugar de nacimiento de Arthur Wellesley, duque de Wellington, hoy ocupado por el fastuoso **Merrion Hotel** (merrionhotel.com).

❺ Museum of Natural History

A mano izquierda quedan los **Government Buildings** (p. 72), actual sede del Gobierno; y, justo pasados estos, la entrada trasera de la Leinster House. El pequeño edificio entre esta y los edificios gubernamentales es el **Museum of Natural History** (p. 69), de 1857.

❻ Merrion Square

Más allá aguarda **Merrion Square** (p. 69), la plaza más elegante de Dublín. Las entradas y montantes de abanico de las casas que la circundan son los más fotografiados del patrimonio georgiano local y muchos de los residentes más insignes de la capital vivieron aquí.

❼ National Gallery

Rodeando o atravesando Merrion Sq se regresa a West Merrion Sq y a la **National Gallery** (p. 64), en activo desde 1864; su fachada es, en aras de la simetría, una copia de la del Museum of Natural History.

A **B** **C** **D**

E Hanover St

Pearse St

Trinity College

College Park

Pearse Station

Lower Sandwith St

Lower Pearse St

Erne St Upper

Erne St Lower

Brunswick Pl

Nassau St

Dawson

Leinster St S

Lincoln Pl

College La

Westland Row

Cumberland St S

Boyne St

Kildare St

National Library of Ireland

Clare St

Fenian St

Denzille La

Hogan Pl

National Gallery of Ireland

Molesworth St

National Museum of Ireland – Archaeology

7

Leinster House

Estatua de Oscar Wilde

5

Merrion Sq W

Merrion Sq N

Holles St

9

17

6

1

Museum of Natural History

Government Buildings

8

2

Merrion Square

Merrion Sq S

Merrion Sq E

Grattan St

Lower Mount St

St Stephen's Green N

Upper Merrion St

Stephen's Pl

Stephen's La

St Stephen's Green

St Stephen's Green E

Merrion Row

Hume St

14

13

12

10

18

Fitzwilliam La

Lower Fitzwilliam St

Upper Fitzwilliam St

Upper Mount St

James's St

James's Pl E

3

Ely Pl

Lower Baggot St

15

Lower Baggot St

Herbert St

Royal Hibernian Academy of Arts

Leeson La

Quinn's La

Lower Pembroke St

Upper Fitzwilliam St

Fitzwilliam Sq N

4

Fitzwilliam Square

Lad La

Pembroke Row

Earlsfort Tce

19

11

Lower Leeson St

Fitzwilliam Pl

Wilton Pl

Lower Hatch St

16

Wilton Tce

Mespil Rd

Adelaide Rd

Grand Canal

Grand Pde

Reseñas en:

◉	Las mejores experiencias	p. 62
◉	Puntos de interés	p. 69
✖	Dónde comer	p. 72
◉	Dónde beber	p. 74
◉	Ocio	p. 75

N 0 200 m

A **B** **C** **D**

Puntos de interés

Museum of Natural History

MUSEO

1  PLANO P. 68, B3

Conocido cariñosamente como el "zoo de los muertos", este polvoriento, insólito y absolutamente recomendable museo ejemplifica la fascinación científica en la época victoriana. Su enorme colección de taxidermia poco ha cambiado desde que el explorador escocés David Livingstone lo fundara en 1857, antes de desaparecer en la selva africana para, años después, encontrarse con Henry M. Stanley. (museum.ie)

Merrion Square

PARQUE

2 PLANO P. 68, C3

Merrion Sq es la más prestigiosa y, también, la más elegante de cuantas plazas georgianas hay en Dublín. Sus cuidados jardines y parterres están jalonados en tres de sus laterales por preciosas casas georgianas con vistosas puertas, tragaluces con pavos reales, historiadas aldabas y, en varias de ellas, limpiasuelas, otrora utilizadas para limpiar el barro del calzado. En dos últimos siglos han sido la morada de ilustres residentes.

Museum of Natural History.

Royal Hibernian Academy of Arts
GALERÍA

3 PLANO P. 68, B4

El nombre de este amplio y luminoso museo, situado al final de una apacible calle georgiana sin salida, hace honor a su magnífica reputación como una de las galerías más acreditadas de arte moderno y contemporáneo de Irlanda. Sus muestras son de altísima calidad. (rhagallery.ie)

Fitzwilliam Square
PARQUE

4 PLANO P. 68, B5

Finalizada en 1825, la menor de las espléndidas plazas georgianas de Dublín es la única que se conserva cuyo jardín central sigue siendo privativo de los vecinos. William Dargan (1799-1867), pionero

Estatua de Oscar Wilde.

M. REEL/SHUTTERSTOCK ©

del ferrocarril y fundador de la National Gallery, vivía en el nº 2, y el artista Jack B. Yeats (1871-1957), en el 18.

Estatua de Oscar Wilde
ESTATUA

5 PLANO P. 68, C2

Junto a la esquina noroeste de Merrion Sq se aprecia una colorida estatua del ilustre literato, quien se crio enfrente, en el nº 1 (hoy de uso exclusivo de la American College Dublin); Wilde, reclinado sobre una roca, luce su distintivo batín. Sobre uno de los pedestales, lleno de ingeniosas frases del autor, se observa una pequeña estatua verde de la madre, encinta, de Wilde.

Leinster House
EDIFICIO NOTABLE

6 PLANO P. 68, B3

Todas las decisiones importantes se toman en el Oireachtas (Parlamento), esta mansión palladiana construida entre 1745 y 1748 por Richard Cassels como residencia en la ciudad de James Fitzgerald, duque de Leinster y conde de Kildare. No abre al público, pero se puede hacer un circuito virtual en 3D a través de su web. (oireachtas.ie)

National Library of Ireland
EDIFICIO HISTÓRICO

7 PLANO P. 68, A2

Erigida de 1884 a 1890 por sir Thomas Newenham Deane en un intento por emular la fachada del National Museum of Ireland – Archaeology, esta prestigiosa biblioteca es un repositorio de

Direcciones literarias

Merrion Sq ha sido siempre lugar predilecto de los adinerados intelectuales dublineses. **Oscar Wilde** (1854-1900) pasó parte de su juventud en el nº 1 de North Merrion Sq, hoy el campus del American College Dublin. El poeta **W. B. Yeats** (1865-1939) vivió en el 52 de East Merrion Sq y luego, de 1922 a 1928, en el 82 de South Merrion Sq. **George (A. E.) Russell** (1867-1935), "poeta, místico, pintor y cooperador", trabajó en el nº 84. El gran liberador **Daniel O'Connell** (1775-1847) disfrutó de sus últimos años en el nº 58. El austríaco **Erwin Schrödinger** (1887-1961), el del gato, coganador del Nobel de Física de 1933, tuvo su domicilio en el nº 65 de 1940 a 1956. Dublín también ha atraído a escritores de relatos de terror; **Joseph Sheridan Le Fanu** (1814-1873), autor del clásico del subgénero vampiresco *Carmilla,* vivió en el nº 70.

manuscritos antiguos, primeras ediciones y mapas. En su abovedada sala de lectura, protagonista indiscutible, es donde Stephen Dedalus expresó abiertamente su opinión sobre Shakespeare en el *Ulises* de James Joyce. Para acceder hay que reservar en línea una entrada de usuario (al menos un día laborable antes) y llevar un documento identificativo con fotografía. (nli.ie)

National Library of Ireland.

Government Buildings

EDIFICIO NOTABLE

8 🎯 PLANO P. 68, B3

Esta mole eduardiana abrió como el Royal College of Science en 1911 y es la sede gubernamental desde 1989. Las visitas guiadas gratuitas de 40 min (10.30, 11.30 y 13.00 sa) recorren la oficina del *taoiseach* (primer ministro), la sala del Gabinete y la escalinata de ceremonias, engalanada con una espectacular vidriera diseñada por Evie Hone (1894-1955) para la Feria Mundial de Nueva York de 1939. Las entradas pueden retirarse a partir de las 9.30 el mismo día del circuito, en la entrada de Clare St de la National Gallery. (taoiseach.gov.ie)

Government Buildings.

Dónde comer

Musashi Hogan Place JAPONESA €

9 🍴 PLANO P. 68, D2

Sucursal del emporio Musashi, aquí se sirve los mismos exquisitos y auténticos *sushis, sashimis* y *makis* que en el primer **restaurante** al otro lado del río. (musashi dublin.com)

Margadh @ RHA

CAFÉ €

Arte en las paredes de la RHA Gallery y en los platos del café del museo, el Margadh (véase **3** 🎯), que eleva el humilde sándwich de jamón y queso a una obra de arte a base de pan de masa madre, jamón irlandés ahumado y queso *gubbeen* de Cork occidental. No defraudan tampoco sus inventivas ensaladas de temporada. (margadh-rha.ie)

Ely Wine Bar

IRLANDESA €€

10 🍴 PLANO P. 68, B4

Suculentas hamburguesas, carrillera de ternera estofada y bistecs hechos a la perfección comparten espacio en la carta de este restaurante en un sótano. Todo es ecológico y de granja. También hay tentadores tentempiés y raciones, para quienes prefieran centrarse en el vino. (elywinebar.ie)

House

MEDITERRÁNEA €€

Agradable ambiente de casa de campo en este arrebatador bar y restaurante de un hotel-*boutique* (véase **16** 🏨) con elegantes

BORISB17/SHUTTERSTOCK ©

comedores de época dispuestos alrededor de un encantador patio ajardinado bajo un techo de cristal. La extensa carta (desayunos, *brunches,* almuerzos y cenas) comprende un certero abanico de clásicos de *comfort food* como pollo *tandoori,* pato asado, ensalada de queso de cabra y *arancini* de setas. (housedublin.ie)

Coburg Brasserie   FRANCESA €€€

11 ✕ PLANO P. 68, A5

La cocina de inspiración francesa de este asador de hotel utiliza productos irlandeses de temporada, desde crema de espárragos blancos con conejo y grelos a filete de ternera con puré de patata y rebozuelos; algunos platos marineros son fletán a la plancha con *velouté* de apio del monte y rape frito con chile, cilantro, coco y limoncillo. Sublime. (conraddublinrestaurants.com)

Etto   ITALIANA €€€

12 ✕ PLANO P. 68, B4

Galardonado restaurante y enoteca que tienta con versiones de clásicos italianos. Todos los ingredientes son frescos y la presentación es exquisita. Las raciones son reducidas, pero la comida es tan sabrosa que nadie se marcha con apetito. Ojalá el servicio no fuera tan apremiante: se agradecería una sobremesa paladeando sus excelentes caldos. Resérvese previamente. (etto.ie)

O'Donoghue's.

Restaurant Patrick Guilbaud   FRANCESA €€€

13 ✕ PLANO P. 68, B4

A este dos estrellas Michelin se le considera el mejor restaurante del país. La alta cocina de Guillaume Lebrun es para sus devotos la máxima expresión de las artes culinarias jamás vista. Si al viajero le gustan los lugares formales, este es insuperable, con un menú de almuerzo que, a estos niveles, es una bicoca. Reserva imprescindible. (restaurantpatrickguilbaud.ie)

Cinco libros
sobre Dublín

○ **Trilogía de Barrytown**
(Roddy Doyle; 1992) La entrañable trilogía de Doyle (*The Commitments, The Snapper* y *La camioneta*) narra la historia de los Rabbitte, una familia de clase obrera del Northside.

○ **Montpelier Parade** (Karl Geary; 2017) En el barrio de Monkstown, en el Dublín de la década de 1980 sucede la tormentosa relación entre un adolescente llamado Sonny y Vera, mucho mayor que él.

○ **Dublin 4** (Maeve Binchy; 1982) Con tres décadas a sus espaldas, su análisis de los dilemas y conflictos sentimentales de un grupo de vecinos del barrio más pudiente sigue siendo teniendo vigencia.

○ **Dublineses** (James Joyce; 1914) Dublín es el hilo conductor de esta colección de 15 relatos breves en torno a las penurias de la capital y de su clase media al inicio del s. xx.

○ **Conversaciones entre amigos** (Sally Rooney; 2017) Historia ingeniosamente contada a través de sus cuatro personajes en un Dublín poscrisis económica.

Dónde beber

O'Donoghue's   PUB

14 🚇 PLANO P. 68, B4

El *pub* donde allá por la década de 1960 se dieron a conocer los míticos The Dubliners, referente de la música tradicional irlandesa, acoge conciertos cada noche, aunque seguiría llenándose solo por sus magníficas pintas y el fantástico ambiente tanto del viejo bar como de su anexo. (odonoghues.ie)

Toners   PUB

15 🚇 PLANO P. 68, B4

Con su suelo embaldosado y salitas de regusto añejo, Toners es una suerte de *pub* rural en plena ciudad. El contiguo Toners Yard es un agradable espacio al fresco, mientras que sus estanterías y cajones recuerdan su pasado como tienda de ultramarinos. (tonerspub.ie)

House   BAR

16 🚇 PLANO P. 68, A5

Este podría ser el bar moderno más bonito de Dublín: distribuido en dos casas adosadas georgianas, posee preciosos suelos de madera, cómodos sofás y, en invierno, chimeneas. En el medio hay un encantador espacio al aire libre acristalado que, con buen tiempo, inunda de luz natural el resto del bar. Cuenta, además, con un excelente restaurante (p. 72). (housedublin.ie)

Square Ball · PUB

17 PLANO P. 68, D2

Este *pub* es muchas cosas para mucha gente: barra de cerveza artesana y cócteles en la parte delantera, salón de deportes y barbacoa al fondo y una genial sala de juegos *vintage* escaleras arriba. También hay un montón de juegos de mesa. (the-square-ball.com)

Doheny & Nesbitt · PUB

18 PLANO P. 68, B4

Destacado en una ciudad llena de por sí de bares fantásticos, ofrece vetustos reservados y es el lugar preferido de políticos y periodistas para cuchichear, a tiro de piedra de la Leinster House. (dohenyand nesbitts.ie)

Ocio

Sugar Club · MÚSICA EN DIRECTO

19 ⭐ PLANO P. 68, A5

Sala al estilo de un teatro, muy cerca de St Stephen's Green, con una amplísima programación de conciertos, noches de fiesta y proyecciones. (thesugarclub.com)

Toner's.

Explorar ◈

Temple Bar

El barrio más famoso de Dublín es el empedrado patio de recreo de Temple Bar, donde el alboroto y la juerga son la norma, sobre todo los fines de semana de verano, cuando en los pubs no cabe un alfiler y la fiesta se desparrama por las calles. De día hay tiendas y galerías que aportan cierta credibilidad a su apodo de "barrio cultural", objeto de tantas burlas.

Lo esencial

○ **Mercado de Temple Bar Food (p. 85)** *Atiborrarse de alimentos ecológicos en el mercado más apasionante de Dublín.*

○ **Catedral de Christ Church (p. 78)** *Visitar el templo más impresionante de la capital.*

○ **Dublin Musical Pub Crawl (p. 83)** *Descubrir sus pubs y su maravillosa música tradicional.*

○ **Gutter Bookshop (p. 89)** *Peinar los estantes de esta librería de dueños dublineses.*

○ **Icon Factory (p. 83)** *Aprenderlo todo acerca del legado cultural irlandés en este colectivo de artistas.*

Cómo llegar y desplazarse

🚌 Como Temple Bar está en el centro de la ciudad, todos los autobuses que la cruzan paran en Dame St o en los *quays*, lo que facilita llegar y marcharse.

🚶 A Temple Bar se llega fácilmente a pie desde Grafton St (al sureste), Kilmainham (al oeste) y la margen más alejada del río (al norte).

Plano de la zona en p. 82.

Temple Bar. MIRELARO/SHUTTERSTOCK ©

Las mejores experiencias

Maravillarse ante la medieval Christ Church

Su localización cimera y atractivos arbotantes hacen que sea la más fotogénica de las tres catedrales de Dublín, amén de uno de los símbolos más reconocibles de la capital. Fue fundada en el 1030 y reconstruida a partir del 1172, en gran medida a iniciativa de Richard de Clare, "Strongbow", conde de Pembroke, el noble anglonormando que invadió Irlanda en 1170.

PLANO P. 82, A4

christchurchcathedral.ie

Sala capitular y muro norte

Yendo por la entrada sureste al patio de la catedral se pasa junto a las ruinas de la **sala capitular,** que data de 1230. La **entrada principal** del templo está en la esquina suroeste y al cruzarla se topa con el antiguo **muro norte,** que, a diferencia del del sur, no se derrumbó, aunque sus cimientos fueron cediendo (buena parte de la iglesia se asienta sobre una turbera) y desde su extremo oriental se aprecia su ostensible inclinación.

Monumento a Strongbow

Pese a ser poco probable que la figura con armadura sobre la tumba del pasillo sur sea de Strongbow (podría ser del conde de Drogheda), se cree que sus órganos están enterrados aquí. Una leyenda popular relata una versión especialmente sangrienta del clásico cuento de la falta de amor paterno: se dice que la efigie junto al sepulcro es del hijo de Strongbow, a quien su padre partió en dos tras cuestionarse su valentía en el campo de batalla.

Crucero sur

Aquí puede verse la sensacional **tumba barroca del decimonoveno conde de Kildare,** fallecido en 1734. Su nieto, lord Edward Fitzgerald, miembro de los Irlandeses Unidos, murió en el fallido Alzamiento de 1798. La **capilla de St Laurence,** junto al crucero sur, atesora dos efigies, una de ellas, al parecer, de la esposa o la hermana de Strongbow.

Cripta

Entre sus curiosidades figuran una vitrina de cristal que contiene un **gato momificado** tratando de atrapar a una rata también momificada (¿una pionera versión de Tom y Jerry, quizá?), ambos paralizados en medio de la persecución dentro de un tubo de órgano de la década de 1860.

★ Consejos

○ La entrada combinada que incluye Dublinia (p. 84) sale a cuenta si se viaja con niños.

○ La catedral acoge una programación semanal de misas cantadas que son una maravilla; para ampliar detalles, véase la web.

✗ Una pausa

The Queen of Tarts (p. 85), a un corto paseo al este, sirve deliciosas tartas y café.

Por más *pubs* a elegir que haya, el Temple Bar (p. 87) es siempre un clásico.

Circuito a pie

Tiendas secretas de Temple Bar

Temple Bar está en pleno meollo turístico, de ahí que con frecuencia cueste encontrar experiencias auténticas entre tantos lugares faltos de personalidad. Aun así, sus calles adoquinadas tienen mucho que ofrecer en clave comercial, incluidos incontables accesorios, prendas y comestibles de producción local.

Datos

Inicio: Crown Alley
Final: Old City
Distancia: 850 m; 1 h

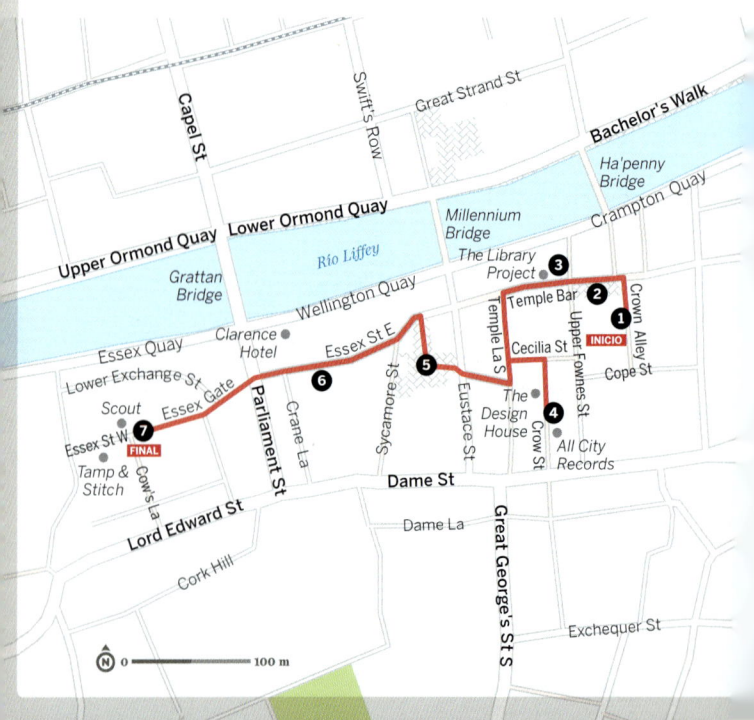

❶ Crown Alley

Situada detrás del Central Bank, se extiende hacia el norte hasta Temple Bar Sq. Repárese en el enorme mural de estilo *art nouveau* sobre el hastial del Bloom's Hotel, en el que aparecen Leopold Bloom y Buck Mulligan, del *Ulises* de James Joyce.

❷ Temple Bar Square

Cada fin de semana se instala en ella una **feria de libros** y suele haber un acompañamiento musical que aporta un ambiente estupendo mientras la gente se sienta en las terrazas de los cafés de la plaza a contemplar el espectáculo.

❸ Temple Bar

La calle homónima discurre de este a oeste en el extremo norte de la plaza. Se puede ver arte contemporáneo en **Temple Bar Gallery & Studios** (templebargallery.com) y fotografías de todos los rincones del planeta en **Library Project** (thelibraryproject.ie).

❹ Crow Street

Es una de las calles alternativas más genuinas del barrio. A un lado está **All City Records,** una de las mejores tiendas de música de la ciudad, especializada en *dance;* y al otro, **The Design House,** con una gran selección de ropa *vintage* y joyería hecha a mano.

❺ Meeting House Square

Desde Cecilia St se enfila al oeste, pasando por Curved St hacia Meeting House Sq, donde los sábados se monta el mercado de **Temple Bar Food,** el mejor mercado para sibaritas de Dublín. Los domingos de verano hay frecuentes actuaciones en directo gratis.

❻ Essex Street East

Yendo al oeste por Essex St se pasa junto a **Connolly Books,** una librería de ideas progresistas justo debajo del New Theatre, cuyo escenario acoge toda clase de obras experimentales. Enfrente está el **Clarence Hotel,** propiedad de la banda U2, aunque hace años que no se prodigan por aquí.

❼ Old City

Tras cruzar Parliament St uno se adentra en la Old City, así llamada porque el asentamiento vikingo se localizaba en el extremo oeste de Temple Bar. Paradójicamente, las *boutiques* más nuevas y en boga de la zona se hallan aquí, entre ellas **Scout** y **Tamp & Stitch,** donde también sirven rico café.

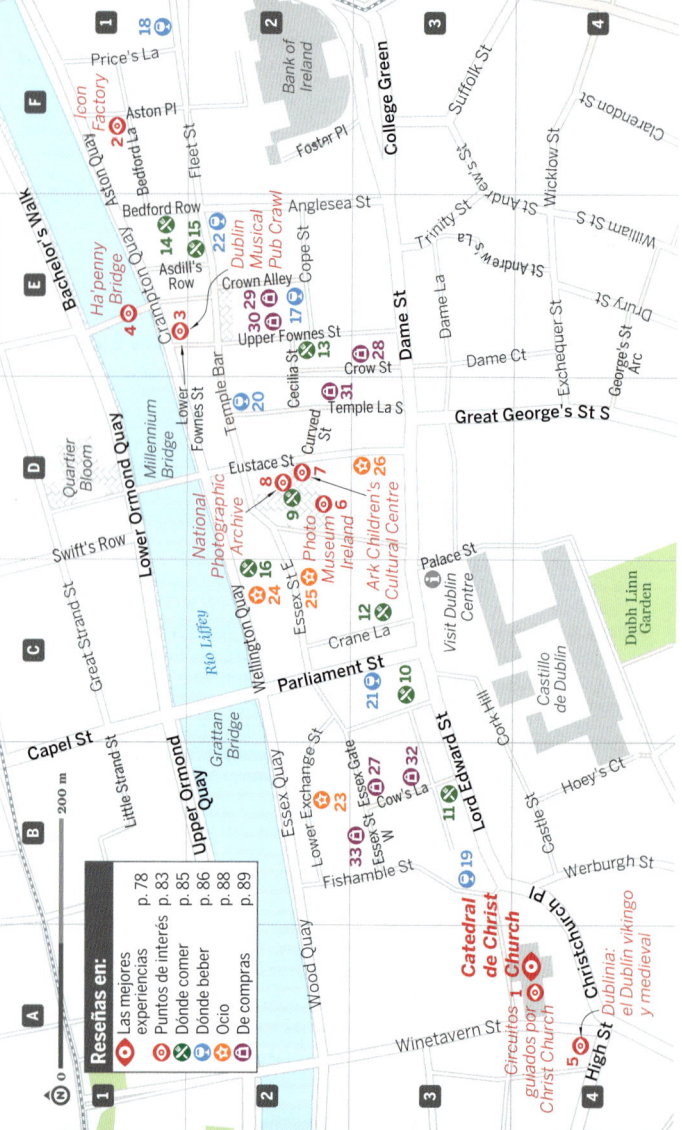

Price's La

Icon Factory

Aston Pl

Bedford La

Fleet St

Bedford Row

Ha'penny Bridge

Asdill's Row

Crampton Quay

Aston Quay

Bachelor's Walk

Dublin Musical Pub Crawl

Cope St

Anglesea St

College Green

Bank of Ireland

Foster Pl

Suffolk St

St Andrew's St

Trinity St

Clarendon St

Wicklow St

William St S

Crown Alley

Upper Fownes St

Temple Bar

Lower Fownes St

Millennium Bridge

Quartier Bloom

Lower Ormond Quay

Swift's Row

National Photographic Archive

Rio Liffey

Great Strand St

Little Strand St

Capel St

Upper Ormond Quay

Grattan Bridge

Cecilia St

Crow St

Temple La S

Dame St

St Andrew's La

Dame La

Dame Ct

Dame Ct

Exchequer St

George's St Arc

Drury St

Great George's St S

Eustace St

Curved St

Photo Museum Ireland

Ark Children's Cultural Centre

Essex St E

Wellington Quay

Crane La

Parliament St

Essex Quay

Lower Exchange St

Essex Gate

Essex St W

Fishamble St

Wood Quay

Cow's La

Lord Edward St

Palace St

Visit Dublin Centre

Cork Hill

Castle St

Werburgh St

Christchurch Pl

Catedral de Christ Church

Winetavern St

High St

Castillo de Dublin

Hoey's Ct

Dubh Linn Garden

Dublinia: el Dublin vikingo y medieval

Circuitos guiados por Christ Church

Reseñas en:

◆	Las mejores experiencias	p. 78
●	Puntos de interés	p. 83
✕	Dónde comer	p. 85
◆	Dónde beber	p. 86
◆	Ocio	p. 88
■	De compras	p. 89

200 m

N

1 2 3 4

A B C D E F

Puntos de interés

Circuitos guiados por Christ Church

CIRCUITOS

1 ⊙ PLANO P. 82, A4

Las visitas guiadas de la catedral de Christ Church incluyen el campanario, donde el campanero se encarga de explicar el arte de la campanología e incluso deja a los visitantes tañer las campanas; no admiten menores de 12 años en esta zona. (christchurchcathedral.ie)

Icon Factory

CENTRO DE ARTE

2 ⊙ PLANO P. 82, F1

En pleno Temple Bar, en este colectivo de artistas que acoge exposiciones sobre el legado cultural de Irlanda se encontrarán singulares recuerdos que celebran la flor y nata de la música y la literatura irlandesas; los beneficios se destinan a los propios artistas. Recorrer su **Icon Walk** es una buena forma de conocer mejor a sus dramaturgos, estrellas de *rock,* figuras del deporte y actores. (iconfactorydublin.com)

Dublin Musical Pub Crawl

RUTA A PIE

3 ⊙ PLANO P. 82, E1

La historia de la música tradicional irlandesa y su influencia en otros estilos contemporáneos explicada y demostrada por dos músicos expertos en un recorrido de 2½ h por varios *pubs* de Temple Bar. Se sale del Ha'penny Bridge Inn, en Wellington Quay. (musicalpubcrawl.com)

Icon Factory.

Un pasado revoltoso

Los puristas podrán decir que Temple Bar nunca ha estado a la altura de su cartel de "barrio cultural", pero en muchos sentidos el barrio se ha mantenido fiel a sus orígenes. Basta retroceder, p. ej., a 1742, cuando Georg Friedrich Händel presentó su *Mesías en Fishamble St* mientras a pocas manzanas de allí, en Bagnio Slip (hoy Lower Fownes St), los caballeros hacían cola para un divertimento de otra índole. Bagnio (casa de baños, en italiano) era como se llamaba entonces a los burdeles, y Temple Bar no andaba escaso de ellos.

Ha'penny Bridge   PUENTE

4 PLANO P. 82, E1

Construido en 1816 –es uno de los puentes de hierro fundido más antiguos del mundo–, el famoso Ha'penny Bridge se tendió para reemplazar a las siete balsas que cruzaban de una orilla a la otra. Pese a llamarse oficialmente Liffey Bridge, toma su apodo del peaje de *ha'penny* (*half penny,* medio penique) que se cobraba hasta 1919 por cruzarlo (durante un tiempo fue un penique y medio y el nombre se modificó en consonancia, pasando a llamarse Penny Ha'penny Bridge).

Dublinia: el Dublín vikingo y medieval   MUSEO

5 PLANO P. 82, A4

Ineludible si se va en familia, el viejo Synod Hall que se añadió a la catedral de Christ Church (p. 78) durante su restauración de finales del s. XIX– es la sede de esta vivaz propuesta, algo *kitsch,* que trata de revivir el Dublín vikingo y medieval. Sus maquetas, paisajes urbanos y exposiciones interactivas gustan a los niños. (dublinia.ie)

Photo Museum Ireland   MUSEO

6 PLANO P. 82, D2

Alojado en un amplio espacio de tres plantas que asoma a Meeting House Sq, este pequeño museo de fotografía ofrece muestras de artistas locales e internacionales e imparte clases de fotografía. En la tienda de la planta baja hay toda clase de publicaciones afines. (galleryofphotography.ie)

Ark Children's Cultural Centre   CENTRO DE ARTE

7 PLANO P. 82, D2

Orientado para edades de 3 a 14 años, ofrece un abanico de programas, charlas y experiencias interactivas pensadas para estimular el interés de los participantes en la ciencia, el medio ambiente y las artes. En verano se celebran eventos en su escenario al aire libre. (ark.ie)

National Photographic Archive
MUSEO

8 🎯 PLANO P. 82, D2

Al ser parte de la colección de la National Library, este archivo de fotografías de mediados del s. XIX en adelante solo abre previa solicitud y tras haber obtenido una entrada de usuario en la **sede principal.** (nli.ie)

Dónde comer

Mercado de Temple Bar Food
MERCADO €

9 ✖ PLANO P. 82, D2

Esta plazoleta se llena cada sábado de puestos de comida que impregnan el ambiente con el aroma de sus panes y repostería recién horneados, quesos artesanos, curris veganos y creps. (templebar markets.com/foodmarket)

Sano Pizza
PIZZA €

10 ✖ PLANO P. 82, C3

Auténticas *pizzas* napolitanas de borde tostado y esponjoso, elaboradas con ingredientes de calidad y a muy buen precio. Pruébese la *Sapori del Sud,* con *nduja* picantona, chorizo al hinojo, brócoli y mozzarella.

Queen of Tarts
CAFÉ €

11 ✖ PLANO P. 82, B3

Coqueta pastelería que, además de bordar las tartas, merengues, *crumbles, cookies* y *brownies,* sirve ricos desayunos; los pasteles de patata, beicon y puerro con huevos y tomates cherri son excelentes. (queenoftarts.ie)

Panes recién horneados en el Mercado de Temple Bar Food.

Saucy Cow
VEGANA €

12 🍴 PLANO P. 82, C3

Las palabras vegana y comida rápida se alían en esta animada propuesta que triunfa con hamburguesas sin carne, 'pollo' vegano al estilo sureño y crujientes patatas rejilla con irresistibles salsas, perfectas antes de una noche de juerga por Temple Bar. (thesaucycow.com)

Seafood Cafe
PESCADO Y MARISCO €€

13 🍴 PLANO P. 82, E2

Exitoso establecimiento donde paladear langosta nacional bañada en mantequilla de ajo, rape a la plancha, ostras irlandesas o cangrejos de la isla de Lambay. Maravilloso. (facebook.com/klawcafe)

Banyi Japanese Dining
JAPONESA €€

14 🍴 PLANO P. 82, E1

Este compacto restaurante en el corazón del barrio augura la que probablemente sea la mejor cocina nipona de Dublín. Los *makis* son divinos y el *sushi* está al nivel de sitios de precio superior. Los platos principales son sensacionales, lo mismo que sus cajas *bento* del almuerzo. Conviene reservar para cenar, máxime los fines de semana. (banyijapanesedining.com)

Elephant & Castle
ESTADOUNIDENSE €€

15 🍴 PLANO P. 82, E2

Este bullicioso y arraigado local de categoría es el lugar donde comer contundentes sándwiches de estilo neoyorquino o pegajosas alitas de pollo. Hay que prepararse para hacer cola, sobre todo en fin de semana, cuando se llena de papis con criaturas y veinteañeros resacosos. (elephantandcastle.ie)

Bison Bar & BBQ
PARRILLA €€

16 🍴 PLANO P. 82, C2

Cerveza, *whiskey* sour y barbacoa al estilo de Texas servidos con sugerentes guarniciones como ensalada de col o macarrones con queso resume la esencia de este alborotado restaurante de temática vaquera, ideal para comer, beber y pasarlo pipa. (bisonbar.ie)

Dónde beber

Vintage Cocktail Club
BAR

17 🍷 PLANO P. 82, E2

El ambiente al otro lado de su discreta entrada sin iluminación –apenas distinguible por las iniciales VCC– recuerda al de un bar del Rat Pack en Las Vegas o al de un club londinense de la década de 1960. Su popularidad suele obligar a reservar turnos de 2½ h: suficiente para probar sus sublimes cócteles y tentempiés. (vintagecocktailclub.com)

Palace Bar
PUB

18 🍺 PLANO P. 82, F1

Inaugurado en 1823, es, con sus espejos y reservados de madera, uno de los grandes *pubs* victorianos de Dublín, reticente desde hace medio siglo a cualquier influencia moderna. Figuras literarias como Patrick Kavanagh o Flann O'Brien fueron en su día clientes habituales e incluso durante un tiempo sirvió de sede oficiosa del *Irish Times*. (thepalace bardublin.com)

Darkey Kelly's Bar & Restaurant
PUB

19  PLANO P. 82, B3

La antigua casa de la primera asesina en serie de Irlanda hoy se congratula por tener una selección de *whiskeys* espléndidos. Sirve, además, una buena gama de cervezas artesanas y está a medio camino entre los bares turísticos de Temple Bar y los frecuentados por lugareños. Compensa los precios tirando a caros con su ambiente animado y música tradicional. (darkeykellys.ie)

Temple Bar
BAR

20 PLANO P. 82, D2

Con la fachada de *pub* más inmortalizada de Dublín y quizá del mundo, este emblema –también llamado Flannery's– se sitúa en plena vorágine turística y suele llenarse hasta los topes, lo que no quita para que sea muy divertido y lo tenga todo, incluidos música tradicional, ambiente bullanguero y terraza. (thetemplebarpub.com)

Palace Bar.

Street 66
BAR

21 PLANO P. 82, C3

Acogedor bar cafetería, apto para mascotas y abierto al público LGTBIQ+, decorado con elementos chic reciclados. Por delante es el Dive Bar, y por detrás, el Disco Lounge. Se desmarca de los cánones de los bares de la zona. (street66.bar)

Auld Dubliner
PUB

22 PLANO P. 82, E2

Con una parroquia en su mayoría foránea, el "Auld Foreigner", como apodan los lugareños, luce un encanto pretérito que ha sabido cultivar y perfeccionar. El típico bar ideal para cantar y divertirse, siempre y cuando no importe tener que esperar 15 min para usar el baño. (aulddubliner.ie)

CHUCK MYERS/ZUMA PRESS WIRE/ALAMY STOCK PHOTO ©

De juerga con un chef

Tras arrancar con un par de cremosas pintas de Guinness en el **Long Hall** (51 S Great George's St), se recala en el **Swan** (York St esq. Aungier St), ideal para entablar conversación con los del lugar. Un buen sitio para almorzar es **Assassination Custard** (facebook.com/assassinationcustard), si es que se consigue entrar. **Reyna** (reyna.ie) prepara riquísima cocina turca al carbón. **Dublin Pizza Company** (dublinpizzacompany.ie) nunca falla con sus esponjosas *pizzas*. **Library Street** (librarystreet.ie) es genial para cenar. El **Vintage Cocktail Club** (vintagecocktailclub.com) es de lo mejorcito para salir de marcha; solo hay que dejarse llevar. Temple Bar es muy divertido y, aunque los dublineses finjamos que lo detestamos, ¡siempre terminamos yendo y pasándolo en grande!

Recomendaciones de Gaz Smith, *chef y dueño de Michael's*, *@MichaelsCoDub*

Ocio

Smock Alley Theatre   TEATRO

23 ⭐ PLANO P. 82, B2

Uno de los teatros más polifacéticos de la ciudad se oculta en este edificio, exquisitamente restaurado, del s. XVII. Posee una amplia programación de eventos (ópera, noches de misterios policíacos, marionetas, Shakespeare...) que, con frecuencia, brindan la posibilidad de cenar. (smockalley.com)

Workman's Club   MÚSICA EN DIRECTO

24 ⭐ PLANO P. 82, C2

Con aforo para 300 personas, esta sala de conciertos y bar en el antiguo club de trabajadores de Dublín acoge toda clase de espectáculos (desde cantautores a cabaré electrónico) que se salen de lo habitual. A las actuaciones les siguen sesiones de DJ que pinchan *rockabilly, hip-hop, indie, house...* (theworkmansclub.com)

Project Arts Centre   TEATRO

25 ⭐ PLANO P. 82, C2

La sala más interesante del lugar para asistir a nuevas creaciones que mueven a la reflexión −de teatro, danza, arte en directo o cine− cuenta con tres espacios independientes que apuestan por la versatilidad. Parte de la diversión es no saber qué esperar: pueden verse auténticas bazofias o los mejores shows de la ciudad. (projectartscentre.ie)

Irish Film Institute   CINE

26 ⭐ PLANO P. 82, D3

Tiene un par de salas donde proyectan filmes clásicos y de autor, amén de un bar, café y librería. (ifi.ie)

De compras

Gutter Bookshop
LIBROS

27 🔒 PLANO P. 82, B3

Llamado así por la famosa frase de Oscar Wilde en *El abanico de lady Windermere* ("Todos estamos en las alcantarillas –*gutter*–, pero algunos miramos a las estrellas"), este fabuloso local enarbola el pabellón de las librerías independientes con una mezcla de nuevas publicaciones, libros infantiles, literatura de viajes y mucho más. (gutterbookshop.com)

All City Records
MÚSICA

28 🔒 PLANO P. 82, E3

Vinilos de todos los géneros, en especial electrónica, *hip-hop,* tecno irlandés y ritmos alternativos. (allcityrecords.com)

Jam Art Factory
DISEÑO

29 🔒 PLANO P. 82, E2

Pintoresca tiendecita repleta de arte y diseño irlandés ideal como recuerdo, a destacar sus artículos nostálgicos, tebeos de humor y coloridas interpretaciones de los iconos del paisaje dublinés. (jamartfactory.com)

Lucy's Lounge
VINTAGE

30 🔒 PLANO P. 82, E2

Atravesando la tienda de la planta baja se verán unas escaleras que descienden a un edén de ropa *vintage* donde es fácil pasar 1 o 2 h antes de salir triunfante con alguna llamativa prenda. Si se busca algo concreto, su amabilísimo personal sabe dónde está todo. (lucyslounge-dee.blogspot.com)

Design House
MODA Y ACCESORIOS

31 🔒 PLANO P. 82, D2

Autodenominada "núcleo de diseño creativo", esta singular e innovadora tienda combina la venta de ropa *vintage,* joyería hecha a mano y arte y artesanía irlandesas con un salón de té donde tomarse una copa de *prosecco* a media tarde. También imparten talleres de artesanía donde, p. ej., aprender a fabricar velas. (facebook.com/TheDesignHouseDublin)

Cow's Lane Designer Mart
MERCADO

32 🔒 PLANO P. 82, B3

Paraíso hípster junto a las escaleras de Cow's Lane compuesto por más de 60 puestos de la mejor moda, accesorios y artesanía de la ciudad. Abre sábados y domingos de marzo a diciembre. (templebarmarkets.com/designermart)

Scout
ROPA

33 🔒 PLANO P. 82, B3

Su dueña, Wendy, selecciona meticulosamente cada una de sus prendas de marcas nacionales e internacionales, como Armor-Lux y Manley, además de accesorios de Baggu y calzado de Grenson. (scoutdublin.com)

Explorar

Kilmainham y Liberties

Los barrios más antiguos de Dublín, al oeste de la mitad sur del centro urbano, tienen reclamos de peso como la Guinness Storehouse. Cual centinela del centenario Liberties, se yergue la catedral de St Patrick, la más importante de las tres de la urbe, mientras que más al oeste se halla una cárcel victoriana que desempeñó un papel crucial en la historia irlandesa.

Lo esencial

○ **Kilmainham Gaol (p. 96)** *Repasar la turbulenta historia de Irlanda en esta prisión del s. XVIII.*

○ **Guinness Storehouse (p. 92)** *Tomarse una pinta en la fábrica donde en 1759 se inventó esta cerveza.*

○ **Teeling Distillery (p. 102)** *Familiarizarse con el whiskey irlandés en un circuito por una destilería.*

○ **Catedral de St Patrick (p. 94)** *Visitar la tumba de Jonathan Swift en la catedral donde ejerció de deán durante más de 30 años.*

○ **Irish Museum of Modern Art (p. 102)** *Admirar arte moderno en un maravilloso entorno.*

Cómo llegar y desplazarse

🚌 Desde el Trinity College (parada College Green): 26, 56A, 77A o 151 hasta la catedral, o 123 hasta la Guinness Storehouse. Para Kilmainham Gaol: 69 desde Aston Quay.

🚶 La catedral queda a 20 min a pie del Trinity College.

🚃 La Guinness Storehouse está a 10 min a pie desde la parada de James de la línea roja del Luas.

Plano de la zona en p. 100.

Catedral de St Patrick (p. 94). DAVID SOANES PHOTOGRAPHY/GETTY IMAGES ©

Las mejores experiencias 📷

Saber cómo preparan la cerveza en la Guinness Storehouse

Más que ningún otro productor mundial, Guinness ha trascendido su propia marca hasta convertirse tanto en el símbolo más reconocible de la ciudad como en una sustancia de atributos casi espirituales. Visitar el museo de la fábrica donde se elabora es, por tanto, una especie de peregrinación para muchos de sus fans.

🎯 **PLANO P. 100, E3**

guinness-storehouse.com

El museo

La atracción más popular de la ciudad es este homenaje multimedia a todo lo relacionado con la marca Guinness, en un antiguo almacén de cereales en el recinto de 26 Ha de la cervecera. En sus siete plantas se descubrirá todo sobre la cerveza Guinness y su historia.

El primer contrato

En la planta baja puede verse en el suelo, protegido por un panel de vidrio, una copia del contrato original de arrendamiento de Arthur Guinness. Al recorrer las distintas exposiciones, incluida una que repasa más de 70 años de campañas publicitarias, trasciende todo lo que la bebida tiene de *marketing*.

Los ingredientes esenciales

Un vínculo con el pasado que aún perdura es la levadura de la Guinness, fundamentalmente el mismo organismo vivo desde 1770. Otro ingrediente clave es el lúpulo *fuggle,* que antaño se cultivaba exclusivamente en la zona de Dublín y se importa del Reino Unido, EE UU y Australia.

Gravity Bar

Cualquier reserva que uno pueda albergar sobre el *marketing* y el bombo publicitario que rodea a la Guinness actual se disipa en un santiamén en el Gravity Bar, el bar circular completamente acristalado que corona el edificio, donde se ofrece al visitante una pinta de cortesía de la célebre cerveza. Las vistas son sensacionales y la Guinness, perfecta.

Otras curiosidades

Otros alicientes añadidos son el STOUTie, el equivalente de la cerveza negra al *latte art,* que permite 'estampar' el selfi del viajero en la cremosa espuma de la pinta. ¡Directo al Instagram, por supuesto!

★ Consejo

○ Los más entusiastas pueden apuntarse, por 95 €, a la Connoisseur Experience, donde se dan a probar cuatro tipos distintos de Guinness mientras el barman de turno cuenta su historia.

✕ Una pausa

El Bar & Brasserie (p. 105), en el propio recinto, de 1837, sirve una deliciosa hamburguesa "Guinness". Para un sitio de corte más tradicional, el cercano Arthur's (p. 107) es un excelente pequeño *pub.*

★ Cómo llegar

🚌 13, 21A, 40, 51B, 78, 78A, 123 desde Fleet St.

🚃 James's

Las mejores experiencias 📷
Visitar St Patrick, cuna irlandesa del cristianismo

Enclavada en el lugar exacto donde, al parecer, san Patricio se arremangó y empapó a los paganos irlandeses en un pozo, dándoles la oportunidad de salvarse, la catedral de St Patrick es una de las primeras construcciones cristianas de la capital, erigida en un terreno urbano sumamente sagrado.

◎ PLANO P. 100, H3

stpatrickscathedral.ie

Tumba de Swift

Al entrar por el porche suroeste se observan a mano derecha los sepulcros de **Jonathan Swift** (1667-1745), autor de Los viajes de *Gulliver* y antiguo deán de la catedral, y de Esther Johnson (conocida como Stella), su compañera durante muchos años. En una pared cercana están los epitafios de ambos –escritos por el propio Swift– y un busto del literato.

Monumento a Boyle

No hay que perderse el imponente homenaje mandado construir en 1632 por Richard Boyle, conde de Cork. En la parte inferior izquierda se ve una efigie de un hijo de este, Robert, el notorio científico que descubrió la ley de Boyle.

Pozo de san Patricio

En la esquina opuesta una cruz sobre una losa marca el lugar del pozo original del santo, donde, según la leyenda, el patrón de Irlanda bautizó a los lugareños.

Tumba de Schomberg

En el pasillo del coro norte hay una lápida que señala la tumba del duque de Schomberg, un noble caído en la batalla de Boyne, en 1690. Swift escribió su epitafio haciendo notar mordazmente que los propios parientes del duque habían mostrado escaso interés en homenajear al difunto.

Puerta de la Reconciliación

Esta puerta del crucero norte presenta un agujero por el que, en 1472, el conde de Kildare introdujo la mano como señal de paz al conde de Ormond, que aguardaba al otro lado, empuñando su espada. Por suerte, los dos se reconciliaron y de ahí nació la expresión "to chance your arm" (arriesgar el brazo).

★ Consejos

o El ambiente es único durante las eucaristías cantadas (11.15 do) y las misas con coro (17.30 lu-vi).

o Si se prevé visitar la catedral y la Marsh's Library (p. 102), se ahorrará dinero adquiriendo una entrada combinada.

o La última entrada se vende media hora antes del cierre.

✗ Una pausa

Fumbally (p. 105), al otro lado de New St, más al sur, sirve ricos sándwiches y comida caliente.

Fallon's (p. 107), a un paso, es ideal para fortalecer el espíritu antes o después de la visita, es uno de los mejores *pubs* de Dublín.

★ Cómo llegar

Autobús 50, 50A, 56A desde Aston Quay, 54, 54A desde Burgh Quay.

Las mejores experiencias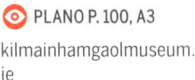

Repasar la historia del país en la Kilmainham Gaol

Quienes tengan interés en la historia de Irlanda no deberían dejar de visitar esta cárcel de infausta memoria, escenario de episodios trágicos y heroicos del pasado reciente del país, con una interminable lista de reclusos vinculados al nacionalismo irlandés. Sus fornidos y lúgubres muros fueron testigo de la adversidad durante la ocupación británica.

◉ PLANO P. 100, A3

kilmainhamgaolmuseum. ie

Visita guiada

El circuito empieza en la capilla donde, en 1916, el líder Joseph Plunkett contrajo matrimonio con su amada horas antes de ser ejecutado. Durante esta solicitada experiencia se recorren las alas viejas y nuevas de la cárcel, donde se ven las antiguas celdas de presos célebres, se leen mensajes escritos en las paredes y se palpa el escalofriante ambiente de los patios donde se llevaban a cabo las ejecuciones.

El ala este

Construida en la década de 1860 en base al concepto "panóptico" del filósofo utilitarista Jeremy Bentham (según el cual un solo centinela debería ser capaz de observar la prisión por completo), el ala este es el paradigma de cárcel victoriana con tres pisos de celdas conectadas por pasarelas y unas escaleras en la parte central. En ella se han rodado varias películas famosas, desde *Un trabajo en Italia* (1969) a *Paddington 2* (2017).

Stone-Breakers' Yard

En este patio se ejecutó a 14 líderes rebeldes, incluido James Connolly, al que tuvieron que atar a una silla en el extremo opuesto del patio dado su grave estado de salud. Los lugares donde fueron fusilados están marcados por unas sencillas cruces negras. Las ejecuciones provocaron que un país hasta entonces indiferente se rebelara de forma violenta.

Museo

Hay un excelente museo dedicado a la importancia sociopolítica de esta cárcel y a la historia del nacionalismo irlandés de 1796 a 1924. Nadie debería irse sin ver la exposición sobre el crucial papel de las mujeres en la lucha por la independencia.

★ Consejos

o Las visitas se realizan exclusivamente con circuitos guiados, que han de reservarse en línea; suele haber menos gente en el primer y el último circuito del día.

o El recorrido dura poco más de 1 h; dedíquense al menos otros 30 min al museo.

✖ Una pausa

En la propia cárcel hay una sucursal de **Brambles** (brambles.ie/cafes/kilmainham-gaol) que, además de café y tartas excelentes, sirve sopas, ensaladas y sándwiches.

El Old Royal Oak (p. 106), 5 min a pie al este, es uno de los *pubs* tradicionales más auténticos de Dublín.

★ Cómo llegar

Autobús 69, 79 desde Aston Quay, 13, 40 desde O'Connell St.

Circuito a pie 🥾

Dublín vikingo y medieval

Si se construyera una ciudad con madera y lodo, las probabilidades de que sobreviviera el paso de los siglos serían escasas: eso sucedió con el asentamiento vikingo original de Dyfflin; aunque aún se hallan vestigios de su pasado nórdico. La ciudad medieval se conservó mejor porque la piedra ya era el principal material de construcción.

Datos

Inicio Essex Gate, Parliament St

Final Castillo de Dublín

Distancia 2,5 km; 2 h

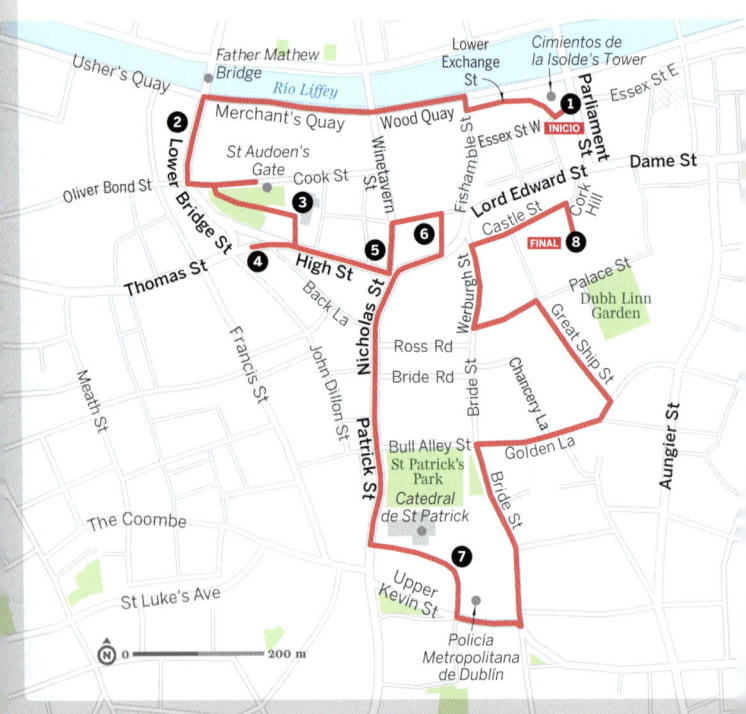

❶ Essex Gate

Otrora uno de los principales accesos a la ciudad, el único recuerdo que se conserva de esta puerta es un par de placas de bronce sobre columnas a ambos lados de la calle donde se encontraba. Girando a la derecha por Exchange St se verán –a través de una rejilla en el suelo– los cimientos originales de la **Isolde's Tower** (s. XIII), en su día parte de la muralla de la ciudad.

❷ Brazen Head

Se sigue hasta el río y se continúa al oeste por Merchant's Quay. Enfrente del Father Mathew Bridge (construido en 1818 en el lugar donde la ciudad recibió su nombre en gaélico, Baile Átha Cliath, o "ciudad del vado cercado") está el *pub* más antiguo de Dublín, el **Brazen Head** (brazenhead.com), que, aunque abrió en 1198, su edificio actual data de 1668.

❸ Iglesia de St Audoen

Torciendo por Cook St se topa con la **St Audoen's Gate** (1240), la única puerta medieval que se conserva de las 32 que llegó a haber. Tras desandar el camino se cruza un parquecito hacia la iglesia más antigua de la ciudad, **St Audoen's Church of Ireland** (p. 103), de 1190 (no confundir con la más nueva iglesia católica situada al lado).

❹ Muralla de la Old City

Se cruza High St hacia Cornmarket para dar con el único trozo en pie de la antigua muralla medieval, junto al yacimiento de New Gate, antaño principal entrada occidental.

❺ Dublinia

De vuelta en High St se va hacia la primera esquina al este. A mano izquierda queda el antiguo Synod Hall, hoy **Dublinia** (p. 84), donde se ha recreado el Dublín medieval.

❻ Las dos catedrales

Enfrente de Dublinia, la catedral de Christ Church fue el templo medieval más importante intramuros; unos 300 m al sur por Nicholas St (que se prolonga en Patrick St) se yergue la **catedral de St Patrick** (p. 94), principal iglesia extramuros.

❼ Marsh's Library

Siguiendo St Patrick's Close, pasada la curva a la izquierda, se alza la bella **Marsh's Library** (p. 102), así llamada por el arzobispo Narcissus Marsh, deán de St Patrick. Más allá, también a la izquierda, queda la sede de la **Policía Metropolitana de Dublín,** antiguo palacio episcopal de St Sepulchre.

❽ Castillo de Dublín

Se sube por Bride St, Golden Lane y Great Ship St, antes de terminar en el **castillo** (p. 42), centro del poder británico en Irlanda de 1204 a 1922.

Kilmainham y Liberties

A **B** **C** **D**

1

Phoenix Park

Conyngham Rd

Río Liffey

Heuston

Heuston Station

Steeven's La

S Circular Rd

Clancy Barracks

2

W St John's Rd

Military Rd

St Patrick's Hospital

Irish Museum of Modern Art
2

Mount Brown

Kilmainham La

Cammock

James's

Upper Basin St

3 ◉ *Kilmainham Gaol*

Old Kilmainham Rd

15

Emmet Rd

Brookfield Rd

St James's Hospital

Bulfin Rd

S Circular Rd

4

Suir Rd

St James's Walk

Fatima

Rialto

Rialto St

Lourdes St

Davitt Rd

Suir

Herberton Rd

S Circular Rd

Reuben St

5

Dolphin Rd

Grand Canal

Dolphin's Barn

Keeper Rd

Crumlin Rd

Rutland Ave

Reseñas en:

◉ Las mejores experiencias p. 92
◉ Puntos de interés p. 102
✕ Dónde comer p. 104
🍷 Dónde beber p. 106
✦ Ocio p. 107

6

Ⓝ 0 ————— 500 m

A **B** **C** **D**

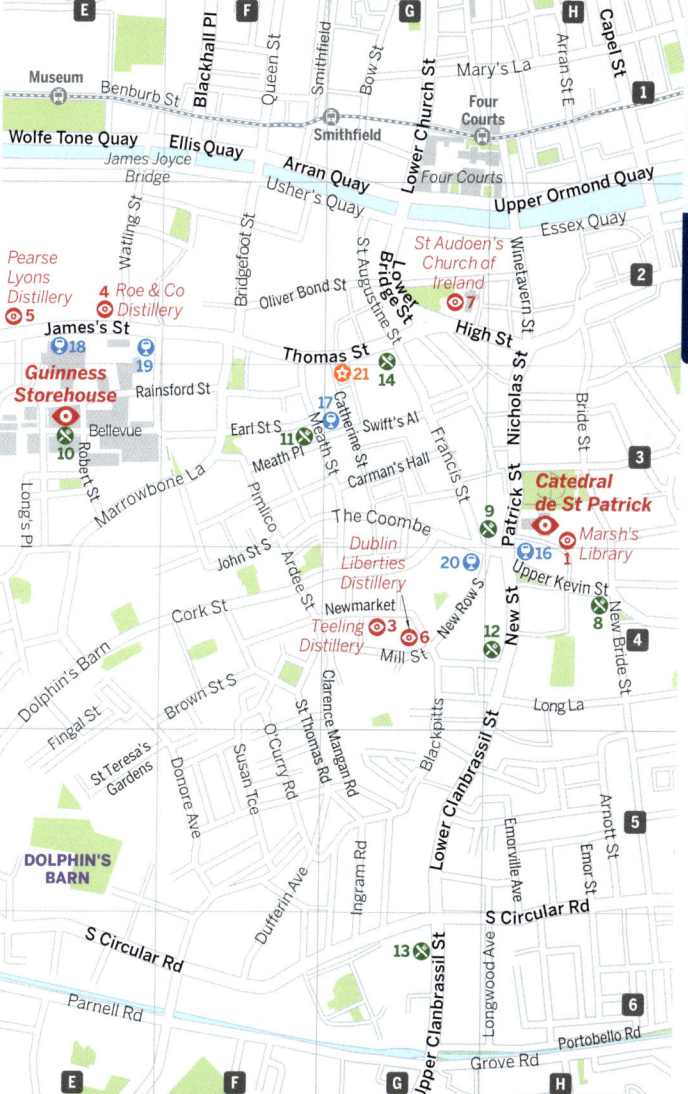

Kilmainham y Liberties

E · F · G · H

1

Museum

Benburb St

Blackhall Pl

Queen St

Smithfield

Bow St

Lower Church St

Mary's La

Arran St E

Capel St

Four Courts

Wolfe Tone Quay

Ellis Quay

Smithfield

Four Courts

James Joyce Bridge

Arran Quay

Usher's Quay

Upper Ormond Quay

Essex Quay

2

Pearse Lyons Distillery
⊙ **5**

Watling St

4 *Roe & Co Distillery*

Bridgefoot St

Oliver Bond St

St Augustine St

Lower Bridge St

St Audoen's Church of Ireland
⊙ **7**

High St

Winetavern St

James's St

⊙**18**   ⊙**19**

Guinness Storehouse

Rainsford St

Thomas St

☆ **21**   ✕ **14**

Nicholas St

Bride St

3

Bellevue

✕ **10**

Robert St

Earl St S

Meath St

⊙**17**

Catherine St

Swift's Al

✕ **11**

Meath Pl

Carman's Hall

Francis St

Catedral de St Patrick
⊙ **9**
⊙ ⊙ **16**
⊙ **1** *Marsh's Library*

Long's Pl

Marrowbone La

Pimlico

Ardee St

John St S

The Coombe

Dublin Liberties Distillery

⊙**20**

Patrick St

New Row S

Upper Kevin St

New St

✕ **8**

New Bride St

4

Cork St

Newmarket

Teeling Distillery
⊙**3**   ⊙ **6**

Mill St

✕ **12**

Long La

Dolphin's Barn

Brown St S

Clarence Mangan Rd

Blackpitts

Lower Clanbrassil St

Emorville Ave

Arnott St

5

Fingal St

St Teresa's Gardens

Donore Ave

Susan Tce

O'Curry Rd

St Thomas Rd

Ingram Rd

Dufferin Ave

Emor St

DOLPHIN'S BARN

S Circular Rd

Upper Clanbrassil St

✕ **13**

S Circular Rd

Longwood Ave

Emorville Ave

6

Parnell Rd

Grove Rd

Portobello Rd

E · F · H

Puntos de interés

Marsh's Library
BIBLIOTECA

1 🎯 PLANO P. 100, H3

Esta biblioteca magníficamente conservada desde hace tres siglos, es uno de los lugares más bellos de Dublín. En lo alto de sus antiguas escaleras aguardan hermosas estanterías de roble oscuro, rematadas con gabletes dorados profusamente tallados, que custodian 25 000 libros, manuscritos y mapas que se remontan al s. xv. (marshlibrary.ie)

Irish Museum of Modern Art
MUSEO

2 🎯 PLANO P. 100, B3

La colección de arte moderno y contemporáneo irlandés e internacional más importante del país se exhibe en el elegante y amplio edificio del antiguo Royal Hospital Kilmainham, construido de 1684 a 1687 para militares retirados. Funcionó como tal hasta 1928, cuando empezó a languidecer durante medio siglo hasta que en la década de 1980 a renació como el maravilloso repositorio de arte que es hoy. (imma.ie)

Teeling Distillery
DESTILERÍA

3 🎯 PLANO P. 100, G4

La primera destilería local abierta en más de 125 años prolongó la producción hasta el 2015, y tuvieron que pasar otros tres años hasta que finalmente pudo lanzar su primera partida de Single Pot Still: la primera salida de una destilería dublinesa en más de medio siglo. Se puede explorar el centro para visitantes y conocer el proceso de producción antes de terminar con una cata de *whiskey* y un cóctel. (teelingwhiskey.com)

Roe & Co Distillery
DESTILERÍA

4 🎯 PLANO P. 100, E2

La última incorporación al barrio de las destilerías se instaló en el 2019 en la antigua central eléctrica de Guinness, un bonito edificio de ladrillo enfrente de la entrada principal de la cervecera. El énfasis recae en los cócteles; después de una cata tradicional se enseñan al visitante los distintos sabores en un taller de mezclología para, luego, dar buena cuenta de las creaciones de los bármanes.

Entrada de la Marsh's Library.

Resérvese con antelación. (roeand cowhiskey.com)

Pearse Lyons Distillery

DESTILERÍA

5 🎯 PLANO P. 100, E2

Esta selecta destilería, que fue abierta en el 2017 en lo que fuera la iglesia de St James, produce de manera artesana pequeños lotes de *whiskey* irlandés. Además del circuito con cata básico, se puede participar en otro tipo de "experiencias", como un taller de coctelería o de maridaje, o disfrutar de una introducción al arte de la destilación del *whiskey.* (pearselyonsdistillery.com)

Dublin Liberties Distillery

DESTILERÍA

6 🎯 PLANO P. 100, G4

En un edificio de cuatro siglos se encuentra otra destilería nueva (del 2019) que consolida a Liberties como centro productor de *whiskey.* Ofrecen un circuito en el que se aprende el proceso de destilación y se acaba con una cata de dos *whiskeys:* el Dubliner Blend y el Oak Devil, un *single malt* envejecido durante cinco años. (thedld.com)

St Audoen's Church of Ireland

IGLESIA

7 🎯 PLANO P. 100, G2

Dos iglesias contiguas llevan el mismo nombre en honor a san Audoen, el obispo de Ruan (Ouen)

Irish Museum of Modern Art.

en el s. VII y patrón de los norman-dos. La más antigua (la Church of Ireland) se construyó entre 1181 y 1212, y hoy en día es la única iglesia medieval de Dublín aún en funcionamiento; véase la excelente muestra que ilustra su historia. Al lado se alza la más nueva y grande **Catholic St Audoen's.** (heritage ireland.ie)

Dónde comer

Assassination Custard · CAFÉ €

8 PLANO P. 100, H4

Es, pese a su apariencia, uno de los sitios más deliciosos de la ciudad, con una carta que siempre apuesta por ingredientes frescos preparados con sencillez: alcachofas fritas, tarta de ricota al ron y ¡hasta un sándwich de callos! Debe su nombre a una frase inventada por Samuel Beckett. (facebook.com/assassinationcustard)

Two Pups Coffee · CAFÉ €

9 PLANO P. 100, H3

Tentador café local que sirve comida creativa y fresca. Puede que la estética rústica no esté del todo lograda, pero los platos son saludables, ricos y sin pretensio-nes, y el café está a la altura. Se llena para el almuerzo y los fines de semana; mejor llegar temprano. (twopupscoffee.com)

Coke Lane Pizza · PIZZA €

Excelentes *pizzas* de masa madre recién horneadas en la terraza del *pub* Lucky's (véase **17**). De domingo a jueves, hasta las 18.00, hay una promoción de *pizza* y pinta (o copa de vino) por 16 €. (cokelanepizza.ie)

St Audoen's Church of Ireland.

1837 Bar & Brasserie   ASADOR €€

10 PLANO P. 100, E3

Aquí se sirven sabrosos platos, desde fresquísimas ostras hasta hamburguesas dobles "Guinness" con patatas, beicon y encurtidos. En la carta de bebidas hay varias cervezas de Guinness, como la negra West Indies o la rubia Hop House. Muy recomendable para almorzar si se ha venido a ver el museo. (guinness-storehouse.com)

Legit Coffee Co   CAFÉ €

11 PLANO P. 100, F3

Insólito lugar de moda en una de las calles más tradicionales de la capital, con maderaje por doquier, tés especiales y *espresso* bien cargado; ideal para un tostado en pan de brioche o un sustancioso sándwich. (legitcoffeeco.com)

Fumbally   CAFÉ €

12 PLANO P. 100, H4

Amplio y luminoso café que sirve sanos desayunos, ensaladas y sándwiches mientras en algún rincón un músico toca ocasionalmente la guitarra. La carta puede definirse como una exploración ecológica de las cocinas del mundo que chifla a los del lugar. (thefumbally.ie)

Clanbrassil House   IRLANDESA €€€

13 PLANO P. 100, G6

Concebido como un restaurante de barrio al servicio del gentrificado Portobello (al este de Liberties), este íntimo espacio acierta con

Barrio de las destilerías

Por más que Liberties esté dominado por la famosísima fábrica de Guinness, el barrio más tradicional de Dublín ha redescubierto el *whiskey*. En el 2015, la **Teeling Distillery** (p. 102) reabrió tras un lapso de casi 200 años (la destilería original, en la cercana Marrowbone Lane, funcionó de 1782 a 1822). En el 2017 se inauguró la **Pearse Lyons Distillery** (p. 103), que inició la actividad en la antigua St James' Church de James St. Pearse Lyons (1944-2018) era propietario de una cervecera y una destilería en Kentucky, pero su bisabuelo descansaba en el cementerio de la iglesia, de ahí este proyecto. En el 2019 abrieron otras dos: la **Dublin Liberties Distillery** (p. 103) y la **Roe & Co Distillery** (p. 102), propiedad de Diageo, los mismos dueños de Guinness.

deliciosos bocados, muchos de ellos a la parrilla. (clanbrassilhouse.com)

Variety Jones   IRLANDESA €€€

14 PLANO P. 100, G2

Con un glorioso menú de degustación, promete una de las cocinas más interesantes de Dublín, como acredita la estrella Michelin recibida en el 2023. Casi todos los platos los preparan en la chimenea de su cocina abierta (que aporta un sugerente toque ahumado). Compartir es una constante. Fundamental reservar. (varietyjones.ie)

Dónde beber

Old Royal Oak   PUB

15 🚇 PLANO P. 100, B3

Los lugareños son defensores incondicionales de este bello *pub* tradicional inaugurado en 1845 para atender a los usuarios y el personal del antiguo Royal Hospital. Todo sigue igual, lo que lo convierte en uno de los bares más seductores del centro para tomarse unas pintas. (fb.com/theoakd8)

Cerveza de la Open Gate Brewery.

NTL PHOTOGRAPHY/SHUTTERSTOCK ©

Fourth Corner   BAR

16 🚇 PLANO P. 100, H4

A este pequeño cruce de Liberties antiguamente se le conocía como Four Corners of Hell ("las cuatro esquinas del infierno"), pues en cada esquina había un *pub* a cual más escandaloso, y las clásicas trifulcas siempre se desparramaban por la calle. Hoy, el ambiente es mucho más distendido en este vistoso bar donde tomarse unas pintas acompañadas de las *pizzas* de Dublín Pizza Company (p. 52). (fourthcorner.ie)

Lucky's   BAR

17 🚇 PLANO P. 100, G3

Alegre local en una calle muy marchosa de noche, con fastuosos detalles de madera y una certera selección de cerveza artesana. Coke Lane Pizza (p. 104) ha montado una sucursal en la terraza para que no falte *pizza* en toda la noche. (luckys.ie)

Open Gate Brewery   MICROCERVECERÍA

18 🚇 PLANO P. 100, E2

Los entusiastas cerveceros pueden probar las creaciones de esta microcervecería experimental de Guinness, abierta solo viernes y sábados, con una carta de comida pensada al efecto. Es la oportunidad perfecta para bombardear a preguntas a sus maestros cerveceros y deleitarse probando variedades que quizá no lleguen a comercializarse. (guinnessopengate.com)

Arthur's  PUB

19 PLANO P. 100, E2

Dada su ubicación, bien podría ser una aburrida trampa para que los turistas que visitan la Guinness Storehouse (p. 92) terminen en ella tomándose otra pinta de la famosa cerveza. Y, sin embargo, resulta ser un agradable y acogedor bar con una carta cargada de deliciosa comida casera. En invierno se disfrutará de su crepitante chimenea a la luz de las velas. (arthurspub.ie)

Fallon's PUB

20 PLANO P. 100, G4

Fabuloso bar a la antigua que lleva desde finales del s. XVII sirviendo impecables pintas de Guinness.

Prizefighter Dan Donnelly, el primer boxeador de la historia en ser nombrado caballero, fue su encargado en 1818. Más auténtico, imposible. (facebook.com/John FallonsTheCapstanBar)

Ocio

Vicar Street MÚSICA EN DIRECTO

21 PLANO P. 100, G3

Sala de tamaño intermedio con aforo para unas 1000 personas, distribuidas entre la zona de mesas de la planta baja y sus palcos teatrales. Ofrece una variada programación que abarca desde espectáculos de humor a *soul*, pasando por *jazz*, folk y músicas del mundo. (vicarstreet.com)

Kilmainham y Liberties Ocio

Vicar Street.

Circuito a pie 🚶

Entre la naturaleza de Phoenix Park

Las imponentes 709 Ha que conforman Phoenix Park no son simplemente un magnífico espacio para la práctica de toda clase de deportes, sino también el hogar del primer ministro de Irlanda, del embajador de EE UU y de un tímido rebaño de gamos. También aquí se encuentra uno de los zoológicos más antiguos de Europa. ¿Bastará para estirar las piernas? ¡Sin duda!

Datos

Inicio Entrada de Parkgate St

Final Magazine Fort

Distancia 14,5 km; 4 h

🚌 26 y 69 desde el centro.

🚊 Línea roja del Luas hasta Heuston Station.

❶ Entrada de Parkgate St

Desde la entrada principal, al sureste del parque, se siguen los senderos por el People's Garden (1864), dejando atrás el quiosco de música del Hollow para girar a la derecha hacia la entrada del zoo.

❷ Rugido de león

El **Dublin Zoo** (dublinzoo.ie), de 28 Ha e inaugurado en 1831, es uno de los más antiguos del mundo. Su programa de cría de leones data de 1857 y entre los ejemplares que nacieron gracias a él figura el famoso león de la Metro.

❸ Residencia presidencial

Tras pasar junto al zoo, se atisba la inmaculada mansión palladiana de 1751 **Áras an Uachtaráin** (president.ie), residencia oficial del *taoiseach*. Para unirse a las visitas guiadas gratuitas de 1 h (solo sa) antes hay que conseguir una entrada (se adjudican por orden de llegada) en el centro de visitantes de Phoenix Park.

❹ Una cruz digna de un papa

Frente a Chesterfield Ave se alza la **Papal Cross,** que marca el lugar donde el papa Juan Pablo II predicó ante 1,25 millones de fieles en 1979 (y donde el papa Francisco ofició una misa ante muchos menos en el 2018). Se encuentra a la altura del Phoenix Monument (erigido en 1747 por lord Chesterfield), que con frecuencia se le llama "monumento al águila".

❺ Quince acres

A la enorme zona verde situada al sur de la cruz (donde hay más probabilidades de ver gamos) se la conoce como **Fifteen Acres,** pese a tener un tamaño bastante superior. Los fines de semana se disputan partidos de fútbol. Al otro lado de la cruz está Deerfield, residencia oficial del embajador estadounidense. Para reducir el paseo a 7 km/2 h, basta seguir Khyber Rd desde allí hacia Magazine Fort.

❻ Hacia Farmleigh

En el extremo occidental del parque se yergue esta refinada mansión georgiana-victoriana (farmleigh.ie). Pese a estar solo abierta al público la planta baja (con una fantástica biblioteca y un invernadero acristalado), pasear por sus jardines, con un lago y un jardín japonés, es una gozada.

❼ Regreso a la ciudad

Por este camino secundario que traza el perímetro sur del parque se llega a **Magazine Fort,** utilizado como campo de tiro durante el Alzamiento de Pascua de 1916 y asaltado por el IRA en el año 1940 para apropiarse de las reservas de munición del ejército irlandés.

❽ Monumento a Wellington

De regreso a Parkgate St se pasa junto a este obelisco de 63 m, concluido en 1861 y decorado con las victorias bélicas del duque de Wellington.

Explorar
Norte del Liffey

Más tosco que la elegante mitad sur de la ciudad, la zona al norte del Liffey ofrece una fascinante mezcla de opulencia del s. XVIII, vida urbana tradicional y el crisol multicultural que caracteriza al Dublín contemporáneo. Pasado O'Connell St, su bulevar más ancho y refinado, aguardan museos de arte, bulliciosos mercados y algunos de los mejores restaurantes étnicos de la capital.

Lo esencial

○ **Hugh Lane Gallery (p. 112)** *Rendir pleitesía a su exquisita colección de arte moderno y contemporáneo.*

○ **Jameson Distillery Bow Street (p. 119)** *Saborear un trago de whiskey tras descubrir cómo se produce en esta destilería reconvertida en museo.*

○ **14 Henrietta Street (p. 118)** *Mansión georgiana rehabilitada que narra la crónica de Dublín, desde su auge a sus épocas de penuria.*

○ **National Museum of Ireland – Decorative Arts & History (p. 118)** *Pasear por el formidable patio de Collins Barracks sin eludir la sensacional colección que atesora.*

Cómo llegar y desplazarse

🚌 Todos los autobuses con destino al centro paran en O'Connell St o en sus aledaños.

🚋 El Luas circula de este a oeste en paralelo al Liffey entre The Point y Heuston Station.

🚌 El DART va de Connolly Station a Clontarf Rd, al noreste.

Plano de la zona en p. 116.

Las mejores experiencias 📷
Aplaudir arte moderno en la Hugh Lane Gallery

La reputación que Dublín pueda ostentar como repositorio de arte de categoría mundial se debe en buena medida a la colección de esta magnífica galería que custodia obras maestras impresionistas, lo mejor del arte moderno irlandés de 1950 en adelante y el estudio del mismísimo Francis Bacon.

◎ PLANO P. 116, F2

hughlane.ie

El legado de Lane

La colección conocida como la "Sir Hugh Lane Bequest 1917", compuesta por 39 lienzos, se repartió por un acuerdo en 1959 entre Dublín y la National Gallery de Londres. Tras un nuevo acuerdo en el 2021, sus 10 obras maestras más famosas (incl. obras de Renoir, Manet, Pissarro, Degas y Monet) irán rotando en dos grupos de cinco de un museo a otro durante un quinquenio; excepto dos cuadros, los restantes 29 están cedidos a largo plazo a Dublín.

Estudio de Francis Bacon

Por más obras maestras impresionistas que albergue, la muestra más popular del museo es el estudio de Bacon, que fue trasladado, procurando conservar el caos reinante, del nº 7 de Reece Mews, en Londres, al lugar donde el artista dublinés (1909-1992) vivió durante 31 años. Pueden verse unas 8000 piezas desparramadas, incluidos lienzos rasgados y la última obra en la que estaba trabajando.

Galería Sean Scully

La nueva ala de la galería (del 2006) es una ampliación de dos plantas en cuyo piso inferior se halla una exposición dedicada a las pinturas abstractas de **Sean Scully,** probablemente el pintor vivo más famoso del país. También se exhiben obras de otros artistas irlandeses contemporáneos, como Dorothy Cross, Brian Maguire y Norah McGuinness.

Stain Glass Gallery ("galería de las vidrieras")

Situada junto al mostrador principal del vestíbulo, su mayor baza es la maravillosa *Víspera de santa Inés* (1924) de Harry Clarke. Cada uno de los 22 paneles que integran esta obra maestra representa una estrofa del poema epónimo de John Keats sobre el amor condenado al fracaso entre Madeline y Porfirio.

★ Consejos

La galería ofrece circuitos guiados gratuitos todos los domingos a las 14.15; no es preciso reservar, basta presentarse en el vestíbulo.

✕ Una pausa

Como colofón a la visita se puede almorzar en el magnífico **café** del sótano antes de detenerse en su interesante tienda de regalos.

★ Cómo llegar

🚌 7, 11, 13, 16, 38, 40, 46A, 123 desde el centro.

Circuito a pie

Recorrido por el norte

La refinada O'Connell St, al norte del río, es la antesala a lo que en tiempos era el barrio más apetecible de la ciudad. Allí nació el Dublín georgiano –en las plazas de Parnell y Mountjoy– y, además de desempeñar un papel fundamental en la lucha por la independencia, aún posee algunos de los mejores museos de la capital.

Datos

Inicio Mountjoy Sq
Final Iglesia de St Michan
Distancia 2,5 km; 2 h

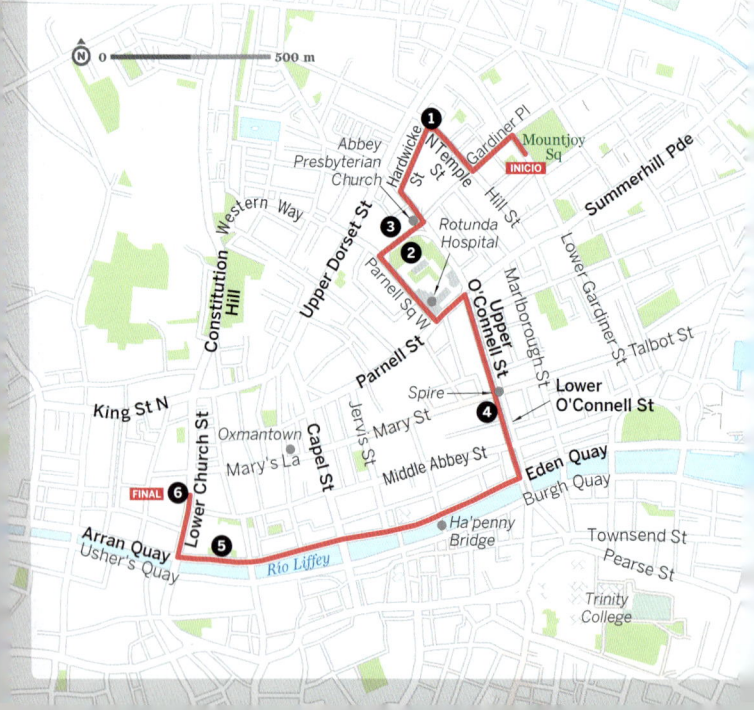

❶ Iglesia de St George

Desde las casas adosadas georgianas de **Mountjoy Square** se tuerce a la izquierda (en la esquina noroeste) por Gardiner Pl para luego girar a la derecha por North Temple St. Más adelante se halla esta espléndida iglesia diseñada en estilo neogriego por Francis Johnston, hoy desacralizada y reconvertida en oficinas.

❷ Garden of Remembrance

Girando a la izquierda por Hardwicke St y otra vez a la izquierda por North Frederick St se pasa junto a la **Abbey Presbyterian Church** (1864), enfrente de la cual se encuentra este jardín creado en 1966 para conmemorar el medio siglo del Alzamiento de Pascua de 1916.

❸ Hugh Lane Gallery

Delante del jardín está la excelente **Hugh Lane Gallery** (p. 112), donde se exponen algunas de las mejores piezas de arte moderno de Europa. En la parte sur de Parnell Sq se encuentra el **Rotunda Hospital,** un fabuloso ejemplo de arquitectura pública georgiana.

❹ Oficina central de correos

Yendo al sur por O'Connell St se pasa junto al **Spire,** polémico monumento de 120 m de altura enclavado donde antes estaba la columna de Nelson, una reliquia del dominio británico que el IRA hizo saltar por los aires en 1966. En el lado oeste de O'Connell St se sitúa la deslumbrante oficina central de correos, de estilo neoclásico y, en su día, centro de operaciones del Alzamiento de Pascua de 1916; en sus columnas aún se aprecian marcas de proyectiles.

❺ Four Courts

Al llegar al río, se gira a la derecha y se camina por la pasarela hacia el **Ha'Penny Bridge,** así llamado por el medio penique que se cobraba por cruzarlo. Se sigue al oeste por Ormond Quay hacia una de las obras maestras georgianas de James Gandon: los **Four Courts,** sede del tribunal más importante del país.

❻ Iglesia de St Michan

Por último, se dobla a la derecha por Church St para admirar este bello templo georgiano con espeluznantes criptas llenas de difuntos (abiertas ma y ju).

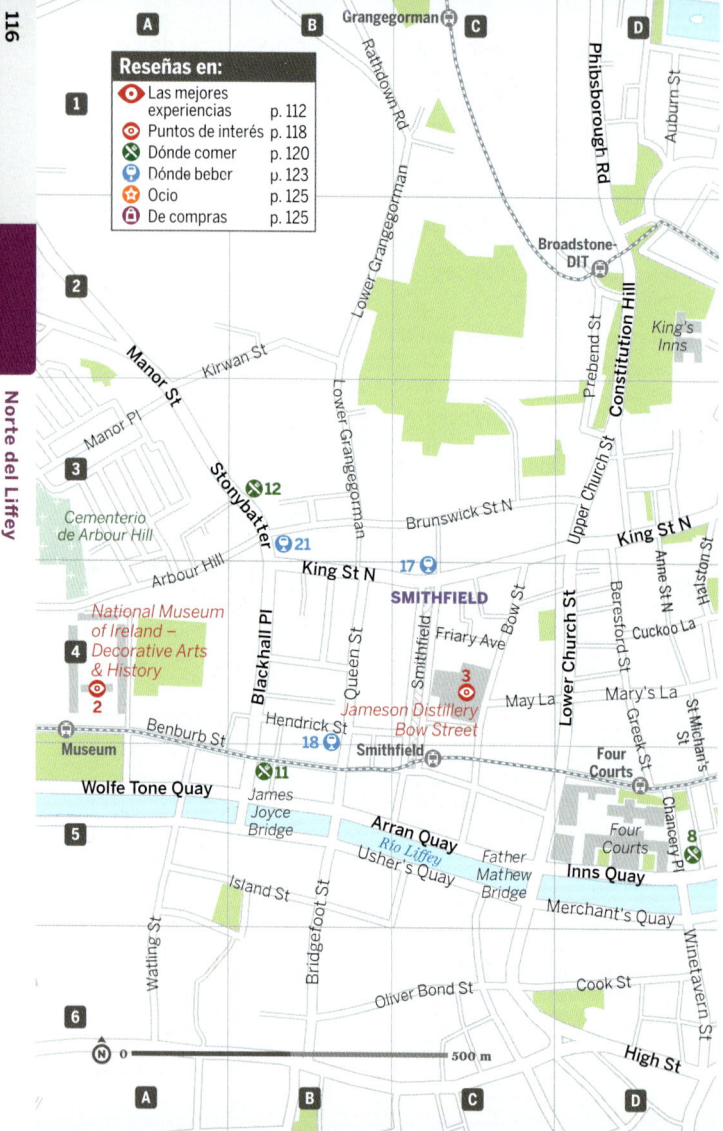

Reseñas en:

◉	Las mejores experiencias	p. 112
◎	Puntos de interés	p. 118
⊗	Dónde comer	p. 120
♙	Dónde beber	p. 123
✪	Ocio	p. 125
🔒	De compras	p. 125

Grangegorman

Rathdown Rd

Phibsborough Rd

Auburn St

Broadstone-DIT

Constitution Hill

King's Inns

Prebend St

Upper Church St

Manor St

Kirwan St

Lower Grangegorman

Manor Pl

Stonybatter ⊗12

Cementerio de Arbour Hill

Brunswick St N

King St N

Arbour Hill

♙21

King St N 17 ♙

SMITHFIELD

Blackhall Pl

Queen St

Smithfield

Friary Ave

Bow St

Lower Church St

Beresford St

Cuckoo La

Anne St N

National Museum of Ireland – Decorative Arts & History

◉2

3 ◎

May La

Mary's La

St Michael's St

Hendrick St

Benburb St

Museum

18 ♙

Smithfield

Greek St

Four Courts

8 🔒

Chancery Pl

Wolfe Tone Quay

⊗11

James Joyce Bridge

Jameson Distillery Bow Street

Arran Quay

Río Liffey

Usher's Quay

Father Mathew Bridge

Four Courts

Inns Quay

Island St

Bridgefoot St

Watling St

Oliver Bond St

Merchant's Quay

Cook St

Winetavern St

High St

Ⓝ 0 _____ 500 m

E
F
G
H

Mountjoy Sq

Upper Wellington St

Blessington St

Lower Dorset St

Hardwicke St

N Temple St

Gardiner Pl

Fontenoy St

Mountjoy St

N Frederick St

Great Denmark St

Great George's St N

Hill St

Upper Gardiner St

1

Western Way

14 ✕

Summerhill Pde

Lower Gardiner St

Hugh Lane Gallery 15 ◉

Upper Dorset St

Granby Row

Parnell Sq E

Rutland Pl

Parnell St

2

Upper Dominick St

14 Henrietta Street 1 ◉

Bolton St

King's Inns St

College of Technology

Lower Dominick St

Dominick Pl

16 ✕

Parnell Sq W

Parnell Sq

Parnell 24 ☆

Parnell

Cathal Brugha St

Marlborough St

Henrietta Pl

Loftus La

Dominick

Parnell St

Moore St

Upper O'Connell St

O'Connell-Upper

7 ✕

Cathedral St

20 🚻

Talbot St

9 ✕

3

Capel St

Green St

Little Britain St

Parnell St

Wolfe Tone St

Jervis St

Mary St

Moore La

Henry St

N Earl St

Earl Pl

Marlborough

Sackville Pl

Lower O'Connell St

Lower Abbey St

23 ☆

Abbey St

Eden Quay

4

Little Mary St

Lower Jervis La

National Leprechaun Museum 5 ◉

Henry St

GPO Museum 4 ◉

Prince's St N

O'Connell-GPO

Burgh Quay

Hawkins St (solo bus y tranvía)

D'Olier St

Arran St E

6 ✕

Mary's Abbey

Upper Abbey St

22 🚻

Jervis

Lower Liffey St

19 🚻

Great Strand St

13 ✕

10 ✕

Lotts Row

Middle Abbey St

Bachelor's Walk

Aston Quay

Westmoreland

Fleet St

Trinity

5

Little Strand St

Upper Ormond Quay

Lower Ormond Quay

Wellington Quay

Temple Bar

Essex Quay

Parliament St

Essex St E

Eustace St

Anglesea St

Río Liffey

TEMPLE BAR

Bank of Ireland

College St

Trinity College

Essex Gate

Dame St

College Green

Lord Edward St

Great George's St S

Wicklow St

Grafton St

Nassau St

6

Dawson

E
F
G
H

Puntos de interés

14 Henrietta Street
MUSEO

1 👁 PLANO P. 116, E2

Magnífica casa adosada georgiana, restaurada con esmero para
revelar complejas capas de la
historia social de la ciudad en los
últimos 250 años. Parte museo,
parte archivo comunitario, repasa
desde la elegancia de la vida de
clase alta en la década de 1740
hasta las penurias de principios
del s. xx, cuando la casa estuvo
ocupada por un centenar de inqui-
linos en la miseria. Solo puede verse en una visita guiada de 1¼ h, lo
que garantiza multitud de detalles
interesantes. (14henriettastreet.ie)

National Museum of Ireland – Decorative Arts & History
MUSEO

2 👁 PLANO P. 116, A4

Otrora el cuartel militar más grande del mundo, las obras de este
espléndido edificio neoclásico de
la margen norte del Liffey culmina-
ron en 1704 en base al diseño de
Thomas Burgh (artífice de la Old
Library del Trinity College). Hoy
contiene la colección de Historia
y Artes Decorativas del Museo
Nacional de Irlanda, con excelentes exposiciones permanentes
que abarcan desde un relato
del **Alzamiento de Pascua de
1916** a la obra de la emblemática
diseñadora **Eileen Gray** (1878-
1976). En un anexo al oeste del
patio principal se halla el **'Asgard'**,
un velero que en 1914 burló el

14 Henrietta Street.

TRABANTOS/SHUTTERSTOCK ©

National Museum of Ireland – Decorative Arts & History.

bloqueo británico para entregar armas a los nacionalistas. Al timón estaba Erskine Childers, padre de un futuro primer ministro del país. En el año 1922 fue ejecutado por el Ejército del Estado Libre de Irlanda (liderado por Michael Collins) por portar un revólver que el propio Collins le había regalado. (museum.ie)

Jameson Distillery Bow Street

MUSEO

3 ⊙ PLANO P. 116, C4

El principal reclamo de Smithfield está dedicado al *uisce beatha* ("agua de vida", en gaélico). La sofisticación del museo (que ocupa parte de una antigua destilería que dejó de funcionar en 1971) puede resultar desalentadora; el visitante deberá hacer forzosamente un circuito por la recreación de una fábrica (la cata final es muy divertida) que conduce a la ineludible tienda de regalos. (jamesonwhiskey. com)

GPO Museum

MUSEO

4 ⊙ PLANO P. 116, G4

Dentro de la oficina central de correos está este maravilloso museo que también sirve de homenaje al Alzamiento de Pascua de 1916 y su papel clave en la creación del Estado irlandés. La muestra, interactiva y llena de pantallas táctiles, explora todas las facetas del episodio, desde sus orígenes hasta su repercusión. Si solo pudiera verse una cosa, que sea la melodramática proyección que relata los hechos de aquella trágica Semana Santa. (gpowitnesshistory.ie)

Extremar la precaución

De día, la ajetreada O'Connell St se llena de compradores, vendedores ambulantes, viandantes y gente que va y viene. De noche, en cambio, ofrece una versión muy distinta, pues el alcohol y las drogas le confieren un aire sórdido y, desgraciadamente, en ocasiones es un foco de problemas. Los dublineses están hartos de quejarse de la presencia policial casi inexistente (que la policía achaca a los continuos recortes), con lo cual el viajero tendrá que moverse con cautela.

National Leprechaun Museum

MUSEO

5 ⦿ PLANO P. 116, F4

Pese a su apariencia de museo del folclore irlandés apto para niños, este espacio recuerda más a una sala infantil de juegos con fragmentos de cuentos de hadas aquí y allá. Eso sí, la imagen del *leprechaun* que transmiten recuerda más a un simpático duendecillo o a un personaje de Walt Disney que a la siniestra criatura de la mitología precristiana que realmente era. (leprechaunmuseum.ie)

Dónde comer

Oxmantown

CAFÉ €

6 ⊗ PLANO P. 116, E4

Sus deliciosos desayunos y excelentes sándwiches hacen de él uno de los mejores sitios al norte del río para comer algo de día. Y, si bien se surte de ingredientes de calidad, como pan horneado en la zona, café de Cloud Picker (el único microtostadero local) o carne de granjas nacionales, la manera de conjugarlo todo es lo que hace que valga tanto la pena. (oxmantown.com)

M&L

CHINA €

7 ⊗ PLANO P. 116, G3

Tras una fachada austera y una estética modesta se esconde el mejor restaurante chino de Dublín. Suele llenarse de clientes chinos que acuden por su auténtica cocina de Sichuan: más especiada que la cantonesa y sin concesiones al paladar occidental. (mlchinese restaurant.com)

Legal Eagle

IRLANDESA €€

8 ⊗ PLANO P. 116, D5

Su estética de un viejo *pub* dublinés y una cocina a base de reconfortante comida casera van de la mano en uno de los mejores restaurantes de Northside, con un horno de leña del que salen exquisitos platos de pescado y pollo, además de *focaccia* casera. Su carrillera de buey estofada es deliciosa. (thelegaleagle.ie)

101 Talbot

IRLANDESA €€

9 PLANO P. 116, H3

Este clásico local resiste desde hace dos décadas a todas las modas con su lealtad a la buena cocina irlandesa. La especialidad son las cenas a base de carne y dos tipos de verduras, aunque no disimula su apego por las influencias mediterráneas: *hummus* con crudités, *arancini* de cangrejo y abadejo ahumado, raya con salsa de chorizo, tomates cherri y limón. Celestial. (101talbot.ie)

Terra Madre

ITALIANA €€

10 PLANO P. 116, G4

Pasar de largo sin reparar en este restaurante en un sótano significaría perderse una de las cocinas italianas más auténticas de Dublín. La carta, sucinta pero siempre cambiante, incluye varias pastas (p. ej., *pappardelle* con ragú de pato) y *secondi* (callos a la toscana). Excepcional. (terramadre.ie)

Fish Shop

FISH & CHIPS €€

11  PLANO P. 116, B5

Clásico local de *fish and chips* con un toque *gourmet* y mesas para comer sentado. Será el pescado rebozado más rico que uno jamás haya probado, que como mejor sabe es acompañado de un magistral vino de su selecta carta. (fish-shop.ie)

L Mulligan Grocer

IRLANDESA €€

12 PLANO P. 116, B3

Aun siendo un *pub* tradicional genial, su principal gancho es la comida, elaborada con productos locales por manos diestras. La carta comprende raciones de queso y charcutería, *fish and chips,* y un opíparo *Scotch egg* casero (y su equivalente vegetariano). Amplia selección de cervezas y *whiskeys*. (lmulligangrocer.com)

Winding Stair

IRLANDESA €€

13 PLANO P. 116, F5

En un precioso edificio georgiano ocupado en su día por la librería más querida de la ciudad (aún hay una en la planta baja; p. 125), la transformación del Winding Stair en un refinado restaurante ha sido

Comida callejera

No hay como disfrutar de la media docena de puestos de **Eatyard** (the-eat yard.com/street-food-market), de los mejores de la ciudad. En el mercado, ubicado en Drumcondra, al norte del centro, abundan los productos de temporada, además de un sinfín de opciones vegetarianas/veganas y cerveza artesana. Los vendedores rotan cada pocos meses y se prevé que cierre brevemente para adecuar esto; confírmese su horario en línea.

impecable. Su sensacional carta irlandesa (pastel de cangrejo, abadejo ahumado escalfado en leche, bistec de lomo de angus negra), además de una excelente carta de vinos, promete una comida memorable. (winding-stair.com)

Croke Park (p. 120).

Da Mimmo's

ITALIANA €€

14 🍴 PLANO P. 116, H1

El hijo de los dueños originales reconvirtió un tradicional *fish and chips* en un restaurante que sirve algunos de los mejores bocados italianos de la ciudad. Todo, desde la ensalada caprese a la lasaña, es tan auténtico como en Casalattico, la población natal de Tino, entre Nápoles y Roma. (damimmo.ie)

Chapter One

IRLANDESA €€€

15 🍴 PLANO P. 116, F2

Su intachable alta cocina, unida a un ambiente acogedor y relajado, sitúa este dos estrellas Michelin alojado en el sótano del antiguo Dublin Writers Museum en lo más alto del escalafón culinario. La comida es irlandesa contemporánea, con inclinación a lo francés, y el servicio, muy esmerado. (chapteronerestaurant.com)

Un estadio de leyenda

La Asociación Atlética Gaélica (GAA, en sus siglas en inglés) no se considera un mero órgano rector de los deportes irlandeses, sino también el firme defensor de una identidad cultural inherente al sentido de país de Irlanda. Para hacerse una idea de la importancia de la GAA, es obligado visitar **Croke Park** (crokepark.ie). Las visitas guiadas (varias a diario excepto los días de partido) del impresionante estadio son excelentes y sin duda justifican el precio. Su atracción más reciente es el **Skyline Tour,** un vertiginoso recorrido guiado por la cubierta del estadio.

Mr Fox

IRLANDESA €€€

16 PLANO P. 116, F2

Una bella casa georgiana emplazada en Parnell Sq es el marco de una de las mejores propuestas gastronómicas de Dublín. El menú del día (de temporada) celebra los ingredientes patrios y así se constata en creaciones como pato con albaricoques ahumados o raya con crujiente de panceta y *dashi*. No tardará en recibir una estrella Michelin... (mrfox.ie)

Dónde beber

Cobblestone

PUB

17 PLANO P. 116, C4

Se anuncia como "*pub* con problemas musicales": una certera definición para este referente de Smithfield, aun cuando las sesiones de música tradicional programadas toda la semana difícilmente puedan catalogarse de "problemáticas". Balaclava (mi, 19.30), con la ayuda inestimable de la música Síomha Mulligan, gustará a cualquiera que esté aprendiendo a tocar un instrumento. (cobblestonepub.ie)

Token

BAR

18 PLANO P. 116, B4

Bar al estilo de una sala recreativa repleto de máquinas de videojuegos y *pinballs*, dotado, además, de un restaurante que sirve opíparas raciones de innovadora comida

Cobblestone.

rápida *gourmet*. Los grupos que pretendan comer tendrán que reservar antes. No admiten a menores de 18 años. (tokendublin.ie)

Yamamori Tengu

CLUB

19 PLANO P. 116, F5

Con dos plantas donde sudar a ritmo de *house*, tecno, *soul* y disco, tiene mucho espacio para bailar, un potente equipo de sonido y una barra donde sirven cócteles y cervezas japonesas. Cuando duelan los pies de tanto bailar, lo indicado es relajarse en su zona de bambú para fumadores. Se accede por la puerta trasera del **Yamamori Sushi** (yamamori.ie), de estar abierto, o por Great Strand St.

Confession Box

PUB

20 🚌 PLANO P. 116, H3

Extranjeros y lugareños coinciden en este histórico *pub* atendido por un amabilísimo personal. Es además un buen sitio para repasar la historia local, pues era el bar favorito de Michael Collins, uno de los líderes más destacados en la lucha por la independencia. (c11407968.wixsite.com/ryan)

Walshs

PUB

21 🚌 PLANO P. 116, B3

Si hay algún reservado libre, tomar algo en el Walshs será la mejor experiencia que uno pueda vivir en un *pub* tradicional de la ciudad; en caso contrario, su barra a la antigua no tiene desperdicio gracias a su afable personal y su fantástica clientela. Fue elegido mejor *pub* de Dublín en el 2023. (walshsstoney batter.ie)

Pantibar

LGTBIQ+

22 🚌 PLANO P. 116, E5

Escandaloso y divertido bar de ambiente propiedad de Rory O'Neill, alias Panti Bliss, estrella del aclamado documental del 2015 *The Queen of Ireland,* acerca de la lucha por la igualdad que alcanzó su clímax con el histórico referéndum de mayo del 2015, en el que se aprobó el matrimonio igualitario. Desde entonces, este bar es lugar de peregrinaje para la comunidad LGTBIQ+. Muy recomendable la Panti's Pale Ale, de producción propia. (instagram.com/pantibardublin)

Abbey Theatre.

Un pie en la tumba

Un serio contendiente al mejor *pub* de Dublín es el **John Kava-nagh's** (facebook.com/JohnKavanaghTheGravediggers) de Glasnevin, más conocido como The Gravediggers (los sepultureros) debido a que los empleados del cementerio contiguo tenían una ventanilla secreta para beber mientras trabajaban. Fundado en 1833, se dice que es el *pub* de gestión familiar más antiguo de la capital: los actuales propietarios son la sexta generación de Kavanaghs al mando. Su interior es tradicional a más no poder: suelos de piedra, revestimientos de madera lacada, etc. En verano, el césped de la plaza se llena de clientes que beben al sol, mientras dentro los lugareños se aseguran de que ni el más mínimo haz de luz perturbe sus sublimes pintas de Guinness. Todo un clásico.

Ocio

Abbey Theatre
TEATRO

23  PLANO P. 116, H4

Fundado por W. B. Yeats en 1904, el teatro nacional de Irlanda, cuyo papel resultó fundamental para el desarrollo de una identidad cultural propia, ofrece una mezcla de obras de dramaturgos irlandeses y funciones de compañías de gira. (abbeytheatre.ie)

Gate Theatre
TEATRO

24 PLANO P. 116, G2

Situado en un edificio del s. XVIII, el teatro más elegante de la ciudad propone un repertorio generalmente imperturbable de obras clásicas irlandesas, norteamericanas y europeas. Orson Welles y James Mason actuaron aquí en sus inicios e incluso hoy en día es el único escenario de Dublín donde pueden verse sobre las tablas estrellas de cine consolidadas. (gatetheatre.ie)

De compras

Winding Stair
LIBROS

Esta coqueta vieja librería (*véase* **13**) está ubicada en la planta baja del edificio que en su día ocupaba por completo y que ahora alberga un excelente restaurante homónimo (p. 121). Su selección, aun siendo menor, depara excelentes libros nuevos y usados. (winding-stair.com)

Docklands

Los rutilantes bloques de oficinas y almacenes reconvertidos de los Dockland (apodados Silicon Docks) albergan a gigantes digitales como Google, Facebook, Airbnb y Pinterest, cuyas sedes europeas se asientan ordenadamente entre entidades financieras y otras empresas. Sobre las adustas edificaciones restantes destacan un par de bellezas arquitectónicas, muy especialmente un auditorio de Daniel Libeskind.

Lo esencial

- **Jeanie Johnston (p. 132)** *Visitar esta réplica de un "barco ataúd" del s. xix.*
- **Famine Memorial (p. 132)** *Contemplar las turbadoras estatuas de bronce de Rowan Gillespie.*
- **Bord Gáis Energy Theatre (p. 135)** *Asistir a un concierto en este espectacular teatro obra de Daniel Libeskind.*
- **Faro de Poolbeg (p. 132)** *Disfrutar de un paseo vespertino pasando junto al muro sur de camino a este elegante faro.*

Cómo llegar y desplazarse

🚌 Los autobuses 56A y 77A van de Dame St a cerca de Grand Canal Sq. Para ir al norte, el 151 circula desde Eden Quay (cerca de O'Connell St) por North Wall Quay.

🚋 La línea roja del Luas cruza el norte de Docklands hacia The Point.

🚌 El DART para en Grand Canal Quay.

Plano de la zona en p. 130.

Circuito a pie 🥾

Legado oculto de Docklands

Por más que los relucientes Docklands sean el proyecto urbanístico más reciente de la ciudad (casi todo, posterior al 2005), entre sus lustrosas joyas arquitectónicas modernas se intercalan retazos del patrimonio de Dublín, algunos ligados al Alzamiento de Pascua de 1916. ¡Ah!, y también hay bonitos puentes fotogénicos.

Datos

Inicio Edificio CHQ
Final Treasury Building
Distancia 2 km; 30 min

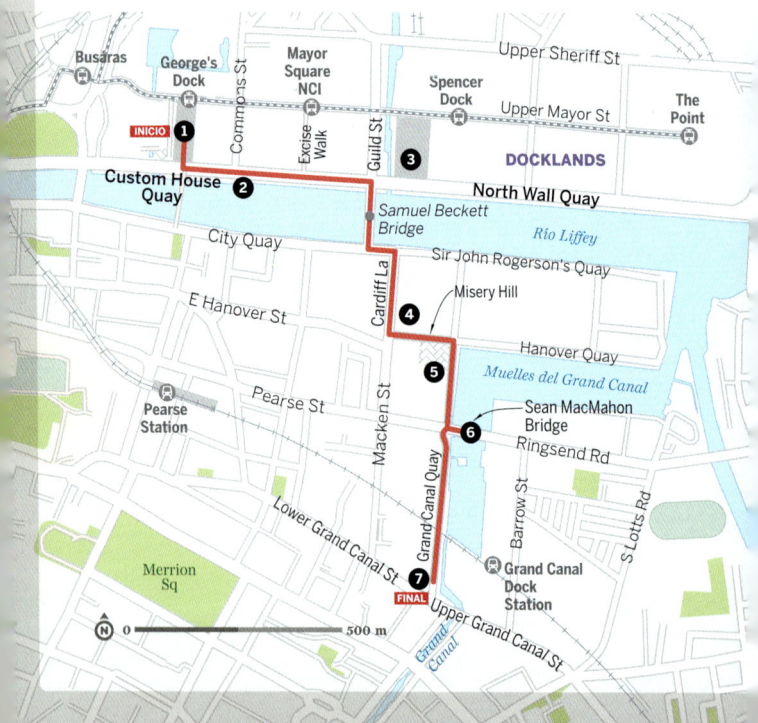

❶ Historia y patrimonio

El viajero podrá explorar la historia de las migraciones en el puntero **EPIC The Irish Emigration Museum** (p. 131), dentro del Edificio CHQ; aquí también se halla el Irish Family History Centre, obligado si se tienen raíces irlandesas.

❷ Legado de la hambruna

A la sombra del centro financiero de Dublín está el **'Jeanie Johnston'** (p. 132), navío del s. XIX que en su día transportó a emigrantes irlandeses que escapaban de los estragos de la gran hambruna.

❸ Asistir a una convención

El llamativo **Convention Centre**, construido en el 2010 por Kevin Roche, es uno de los edificios más distintivos de la ciudad gracias al inclinado atrio acristalado de su fachada. A la margen sur del río se llega por el Samuel Beckett Bridge, diseñado por Santiago Calatrava e inspirado en un arpa, símbolo nacional de Irlanda.

❹ Desde el Marker Rooftop Bar

Yendo por Cardiff Lane, se tuerce a la izquierda por Misery Hill, que ni es deprimente ni está empinada. A la izquierda, enfrente del Bord Gáis Energy Theatre, se observa la singular fachada tipo damero del **Anantara Marker Hotel,** con un bar de azotea muy de moda.

❺ Grand Canal Square

Desde esta posición privilegiada se obtiene una fantástica vista de **Grand Canal Square,** más abajo, diseñada por la paisajista estadounidense Martha Schwartz e inaugurada en el 2008. Su elemento de referencia es la 'alfombra roja' hecha con baldosas de resina y cristal, y con varios postes rojo brillante desperdigados que sirven de iluminación.

❻ Antiguo y moderno

Se camina hacia la parte central del MacMahon Bridge, llamado así por el nacionalista irlandés que integró el batallón destacado en Bolands Flour Mills (en el extremo opuesto del puente) durante el Alzamiento de 1916. Hacia el sur se observa la estructura acristalada del Montevetro Building (2010), sede europea de Google.

❼ Anhelo de libertad

En el extremo de Grand Canal Quay, a la derecha, se yergue el antiguo Treasury Building (adquirido por Google en el 2020) en el lugar exacto donde estuvo la Boland's Bakery, base de operaciones de Éamon de Valera (a la postre primer ministro de Irlanda) durante el Alzamiento de Pascua de 1916. Junto al edificio se halla la escultura *Aspiration,* homenaje de Rowan Gillespie a la lucha por la independencia.

Docklands

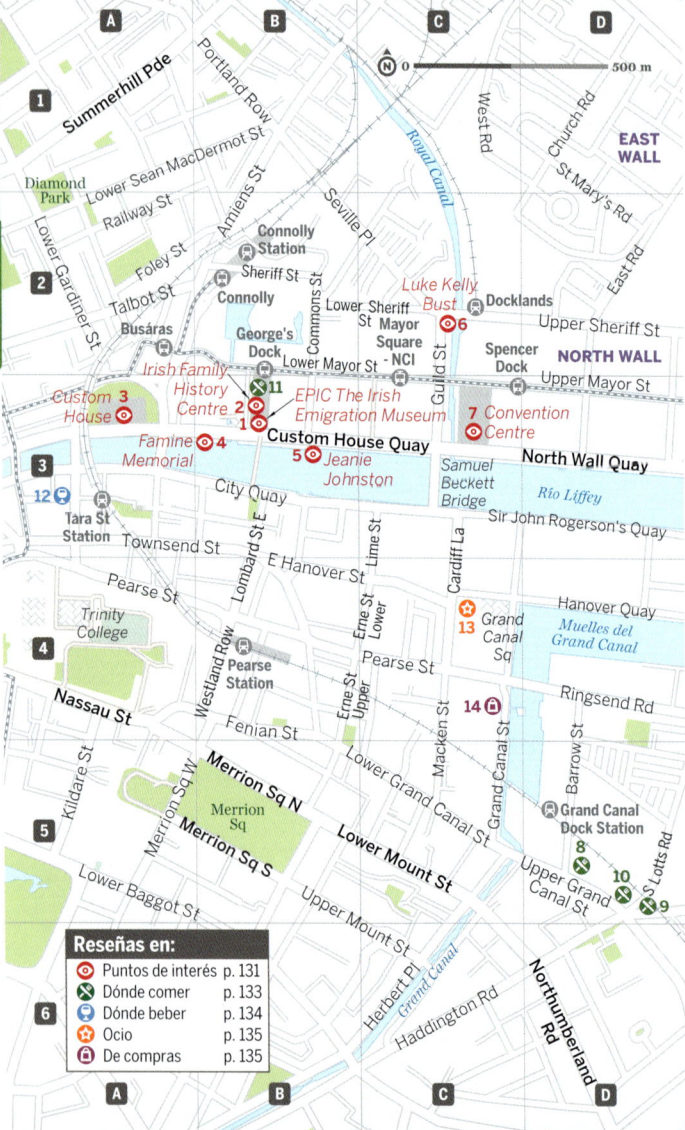

N 0 —————————— 500 m

EAST WALL

NORTH WALL

Summerhill Pde

Portland Row

Lower Sean MacDermot St

Diamond Park

Railway St

Foley St

Amiens St

Seville Pl

Lower Gardiner St

Talbot St

Connolly Station

Sheriff St

Connolly

Commons St

Busáras

George's Dock

Irish Family History Centre

Lower Mayor St

Lower Sheriff St

Mayor Square - NCI

Luke Kelly Bust

Docklands

Upper Sheriff St

Spencer Dock

Upper Mayor St

West Rd

Church Rd

St Mary's Rd

East Rd

⊙ 6

Custom House 3

⊗ 11

2 ⊗
1

EPIC The Irish Emigration Museum

Custom House Quay

Guild St

7 ⊙ *Convention Centre*

⊙ 4 *Famine Memorial*

5 ⊙ *Jeanie Johnston*

North Wall Quay

City Quay

Samuel Beckett Bridge

Río Liffey

Sir John Rogerson's Quay

12 🚇

Tara St Station

Townsend St

Lombard St E

E Hanover St

Lime St

Erne St Lower

Cardiff La

Hanover Quay

Muelles del Grand Canal

Pearse St

Trinity College

Westland Row

Pearse Station

Pearse St

Erne St Upper

13 ⭐ Grand Canal Sq

Nassau St

Fenian St

Lower Grand Canal St

Macken St

14 🛍

Grand Canal St

Ringsend Rd

Barrow St

Kildare St

Merrion Sq N

Merrion Sq

Merrion Sq S

Lower Mount St

Lower Grand Canal St

Grand Canal Dock Station

8 ⊗

10 ⊗ ⊗ 9

St Lotts St

Lower Baggot St

Upper Mount St

Upper Grand Canal St

Herbert Pl

Grand Canal

Haddington Rd

Northumberland Rd

Reseñas en:
- ⊙ Puntos de interés p. 131
- ⊗ Dónde comer p. 133
- 🔵 Dónde beber p. 134
- ⭐ Ocio p. 135
- 🛍 De compras p. 135

A   B   C   D

Puntos de interés

EPIC The Irish Emigration Museum
MUSEO

1  PLANO P. 130, B3

Exploración interactiva que aborda la emigración y sus efectos en Irlanda y en los 70 millones de personas en todo el mundo que dicen descender de irlandeses. La visita discurre por una veintena de salas interactivas –algunas conmovedoras– que ilustran por qué se marcharon, adónde y cómo mantuvieron su relación con su tierra ancestral. (epicchq.com)

Irish Family History Centre
CENTRO CULTURAL

2 PLANO P. 130, B3

El viajero podrá descubrir su historia familiar consultando a un genealogista durante una sesión de 30, 60 o 90 min con cita. (irish familyhistorycentre.com)

Custom House
LUGAR DESTACADO

3 PLANO P. 130, A3

El genio georgiano James Gandon (1743-1823) dejó su impronta a su llegada a Dublín con este formidable edificio –construido de 1781 a 1791– enclavado después de Eden Quay en un ancho tramo del Liffey. Es una imponente mole neoclásica de 114 m de largo, rematada por una cúpula de cobre.

Custom House.

Famine Memorial MONUMENTO CONMEMORATIVO

4 ⊙ PLANO P. 130, B3

Al este de la Custom House está uno de los ejemplos de arte público que más mueve a reflexión (y más fotografiados) de Dublín: el conjunto escultórico realizado por Rowan Gillespie, conocido como *Famine* (1997), que recuerda las penurias asociadas a la gran hambruna (1845-1851). El afligido y perturbador aspecto de estas efigies de bronce a tamaño real constata aquellos peligrosos e indeseados viajes.

Jeanie Johnston MUSEO

5 ⊙ PLANO P. 130, B3

Una de las atracciones turísticas más originales de la ciudad es esta réplica de un "barco ataúd" del s. XIX, que es como se conocía a aquellas embarcaciones en las que los emigrantes huían de Irlanda durante la gran hambruna, aun cuando en el original *Jeanie Johnston* no se registraron víctimas en las 16 travesías que realizó entre 1848 y 1855. Un pequeño museo a bordo detalla las pésimas condiciones de los viajes –de unos 47 días–. (jeaniejohnston.ie)

Busto de Luke Kelly ESTATUA

6 ⊙ PLANO P. 130, C2

En la calle donde Luke Kelly nació en 1940 hay un llamativo busto de mármol de 2 m obra de la galardonada artista alemana Vera Klute. La famosa cabellera rizada y la áspera barba del cantante están formadas por tres mil hilos de cable de cobre patinado, pero lo que más ha dado que ha-

Faro de Poolbeg

Uno de los paseos más gratificantes que ofrece la capital es el recorrido que sigue el Great South Wall hasta el **faro de Poolbeg,** esa torre roja que se atisba en medio de la bahía de Dublín. Data de 1768, pero se rediseñó y reconstruyó en 1820. Para llegar, tómese el autobús C1, C2 o 47 desde Townsend St (al norte del Trinity College) hasta Sandymount Rd, y camínese al norte por Marine Drive. Al llegar al final se sigue por un sendero costero que cruza el Irishtown Nature Park, pasando junto a una central eléctrica en desuso hasta el inicio del Great South Wall. Desde allí hay 1,7 km (20-25 min) de tonificante caminata hasta el faro, que regala una fabulosa panorámica de la bahía y la ciudad, más espectacular si cabe al ocaso. A medio camino se sitúa el Half Moon Swimming & Water Polo Club, de 1898, cuyos socios aún se reúnen aquí para nadar durante la pleamar. El recorrido (con inicio y final en la parada de autobús) tiene unos 11 km en total; calcúlense 3 h, aprox.

blar es su pose, con Kelly cantando con los ojos cerrados y la boca abierta, pues hay quien piensa en un orgasmo.

Convention Centre

LUGAR DESTACADO

7 🎯 PLANO P. 130, C3

Edificio diseñado por el arquitecto Kevin Roche e inaugurado en el 2010, con un espectacular atrio acristalado angular en forma de cilindro. Siguiendo la mejor tradición dublinesa de inventarse apodos para los monumentos de la ciudad, los residentes lo conocen como "el cubo del tubo". Luce mejor de noche, cuando se ilumina. (theccd.ie)

Dónde comer

Fairmental Lab & Deli

DELICATESEN €

8 🍽 PLANO P. 130, D5

Regentado por una pareja rumano-irlandesa apasionada por la recolección de alimentos y la fermentación, este café-deli es una oda a los encurtidos y fermentados, desde *chucrut* y *kimchi* a *kombucha* y salsas picantes, todo ello casero. Entre semana sirven un sándwich del día (pruébese el *reuben* con pastrami y *chucrut*); los fines de semana, la carta del *brunch* ofrece varios platos con los huevos como protagonista. (fairmental.ie)

ALEX_MASTRO/SHUTTERSTOCK ©

Convention Centre.

Juniors Deli & Cafe

ITALIANA €€

9 🍽 PLANO P. 130, D5

Siempre abarrotado y fácil de confundir con un viejo café cualquiera, el Juniors es todo menos eso. Calcado a un deli neoyorquino, la comida (de influencia italiana, con ingredientes de producción local) es deliciosa, el ambiente, animado (cuesta conseguir mesa), y su filosofía, encomiable, la dictan los dos hermanos al mando. (juniors.ie)

Paulie's Pizza

ITALIANA €€

10 🍽 PLANO P. 130, D5

En este encantador y cada tanto bullicioso restaurante hay un horno napolitano del que salen algunas de las mejores *pizzas* de la ciudad. Margaritas, *biancas* (sin salsa de tomate), *calzone,* otras

Puentes modernos

Desde el 2000 han ido tendiéndose sobre el curso del Liffey varios puentes nuevos que representan magníficos ejemplos de diseño moderno. El James Joyce Bridge (2003), construido por Santiago Calatrava en Usher's Island, podría considerarse la primera pieza de diseño moderno de la ciudad, obra de este arquitecto que, en el 2009, volvió a superarse a sí mismo con el Samuel Beckett Bridge de Spencer Dock. Entre estos se sitúan el peatonal Séan O'Casey Bridge (2005), de Cyril O'Neill, y el posterior Rosie Hackett Bridge, que une Hawkins St con Marlborough St. Inaugurado en el 2014, es el único puente dublinés dedicado a una mujer, para más señas a una sindicalista que participó en el Alzamiento de Pascua de 1916.

especialidades regionales... Preparan, además, una clásica estilo Nueva York y varias creaciones locales. (paulies.ie)

Stack A   IRLANDESA €€

11 🗙 PLANO P. 130, B3

Pegado a la microcervecería Urban Brewing (abajo) y bautizado con el nombre original del histórico CHQ Building, ocupa un atractivo espacio bajo bóvedas de ladrillo del s. XIX y propone una carta pensada para acompañar su oferta cervecera, con principales como carrillera estofada y filete de abadejo y raciones para compartir. (urbanbrewing.ie/stack-a-restaurant)

Dónde beber

Urban Brewing   CERVECERÍA

Alojada en el mítico CHQ Building, construido en 1820 como almacén aduanero de tabaco, té y alcohol, esta moderna microcervecería

(véase **11** 🗙) divide su espacio entre el bar principal, una soleada terraza y sus evocadoras bóvedas decimonónicas. La cerveza estrella es la Oyster Stout, una variedad oscura, rica y cremosa que, efectivamente, sabe a ostra. (urbanbrewing.ie)

John Mulligan's   PUB

12 🍺 PLANO P. 130, A3

Fundado en 1782 y en el mismo lugar desde 1854, este genial veterano es toda una institución cultural. Tomar un trago aquí es como asistir a una ceremonia en el más sagrado de los templos seculares. John F. Kennedy le rindió tributo en 1945, cuando alternó con una nómina de parroquianos que apenas ha cambiado desde entonces.

Ocio

Bord Gáis Energy Theatre

TEATRO

13 ⭐ PLANO P. 130, C4

Pese al nombre poco atractivo, el magistral diseño de Daniel Libeskind cristalizó en un auditorio de tres niveles con aforo para 2100 personas en el que puede disfrutarse desde el Bolshói a una compañía de ópera estatal, pasando por *Dirty Dancing* o Barbra Streisand. Es un espacio formidable, diseñado para los clásicos y pagado por los clásicos. (bordgais energytheatre.ie)

De compras

Design Tower

ARTE Y ARTESANÍA

14 🔒 PLANO P. 130, C4

Instalado en una refinería de azúcar del s. XIX alojada en el primer edificio de Dublín enmarcado en forja, este centro de diseño de siete plantas acoge los estudios de una veintena de artesanos locales que crean de todo, desde joyería de inspiración celta a adornos de pared y bolsos de piel. Algunos solo abren con cita previa; más detalles en su web o en la recepción. (thedesigntower.com)

Bord Gáis Energy Theatre.

Explorar

El sur

Los barrios al sur del Grand Canal dejan de lado los reclamos convencionales para centrarse en el estilo de vida del Dublín acomodado: aquí se viene a comer, beber y disfrutar de citas deportivas. Son los barrios más codiciados de la ciudad, sobre todo Ballsbridge, Donnybrook y Ranelagh.

Lo esencial

- ***Aviva Stadium (p. 143)*** *Animar a Leinster o a Irlanda (en rugbi o fútbol).*

- ***Herbert Park (p. 139)*** *Pasear, sentarse o trotar por esta sensacional zona verde.*

- ***Stella Cinema (p. 143)*** *Ver una película en el cine más opulento de la ciudad.*

- ***Southside Dining (p. 139)*** *Siempre es genial comer en el coqueto Ranelagh o en el efervescente Rathmines, máxime en sitios como el Manifesto.*

- ***National Print Museum (p. 140)*** *Explorar la interesante historia de la imprenta en Irlanda en este fascinante pequeño museo.*

Cómo llegar y desplazarse

🚌 Desde el centro se toma el autobús nº 4, 7 o 7A a Ballsbridge; para Donnybrook, el 7B, 7D o 46A; y para Rathmines, el 14 o 15.

🚊 La línea verde del Luas da servicio a Ranelagh desde St Stephen's Green.

🚌 El DART atiende Sandymount (para Bath Ave) y Lansdowne Rd.

Plano de la zona en p. 138.

Herbert Park (p. 139). NICOLA_K_PHOTOS/SHUTTERSTOCK ©

El sur

500 m

SANDYMOUNT

BEGGAR'S BUSH

BALLSBRIDGE

DONNYBROOK

RANELAGH

RATHMINES

Sandymount Rd
Tritonville Rd
Bath Ave
Claremont Rd
Serpentine Ave
Sandymount Ave
Sandymount Station
Merrion Rd
Simmonscourt Rd
Lansdowne Rd
Lansdowne Station
Shelbourne Rd
Pembroke Rd
Northumberland Rd
National Print Museum
Herbert Park
Anglesea St
Río Dodder
Estadio de Donnybrook
Donnybrook Rd
Belmont Ave
Pembroke La
Elgin Rd
Clyde Rd
St Mary's Rd
Haddington Rd
Herbert Pl
Pembroke Rd
Pembroke Park
Pembroke La
Heytesbury La
Waterloo Rd
Morehampton Rd
Marlborough Rd
Sandford Rd
Merton Dr
Anna Villa
Lower Mount St
Merrion Sq S
Lower Baggot St
Upper Fitzwilliam St
Lad La
Lower Baggot St
Mespil Rd
Burlington Rd
Upper Leeson St
Grand Canal
Appian Way
Leeson Park
Ranelagh
Charlemont
Lower Leeson St
Adelaide Rd
Grand Pde
Charlemont
North Brook Rd
Leeson Park
Charleston Rd
Beechwood
Belgrave Rd
Palmerston Rd
St Stephen's Green
Iveagh Gardens
Upper Hatch St
Harcourt
Ranelagh Rd
Cuffe St
Camden Row
Lower Camden St
Synge St
Heytesbury St
S Circular Rd
Richmond St S
Grove Rd
Military Rd
Mount Pleasant Ave
Lower Rathmines Rd
Castlewood Ave
Leinster Rd
Rathgar Rd
Harcourt St
Charlemont St
St Stephen's Green

Puntos de interés

National Print Museum MUSEO

1  PLANO P. 138, D1

No hay que ser un entendido para disfrutar de este pequeño museo que ofrece cautivadoras visitas guiadas personalizadas en un tono informal. Tras ver un vídeo sobre la historia de la imprenta en Irlanda, se recorren las distintas prensas antiguas (aún en funcionamiento) entre el olor de la tinta y el metal. (nationalprintmuseum.ie)

Grand Canal CANAL

2 PLANO P. 138, C2

Construido en las últimas décadas del s. XVIII, este canal de 132 km de longitud conecta la capital con el río Shannon, en el occidente de Irlanda. La vía navegable secciona una frondosa franja del sur de Dublín y su camino de sirga se presta a un primoroso paseo; en el tramo entre Leeson St y Baggot St hay una **estatua del poeta Patrick Kavanagh** (1904-1967), quien encontró inspiración en el canal para uno de sus poemas. (waterwaysireland.org/places-to-go/grand-canal)

Herbert Park PARQUE

3 PLANO P. 138, D3

Entre los prósperos barrios de Ballsbridge y Donnybrook, este pulmón con zonas de césped, estanques y parterres se sitúa al otro lado del río Dodder desde el Royal Dublin Society Showground (p. 143). Hay pistas de tenis y un parque infantil, además.

Grand Canal.

Los dublineses y el deporte

Los dublineses pueden saber mucho de sus conciudadanos en función de sus deportes y equipos favoritos.

Fútbol gaélico En general es un coto reservado a los barrios periféricos de clase media al norte y el suroeste de Dublín, donde están casi todos los clubes de la ciudad. También tiene tirón en las zonas obreras de la mitad norte de Dublín, donde ser hincha del equipo capitalino es motivo de orgullo.

Fútbol El deporte con más seguidores en Dublín tiene especial arraigo en los barrios de clase media y obrera, donde se conoce sencillamente como "ball". Aunque los equipos de la liga nacional con sede en la capital tienen los seguidores más fieles, el aficionado medio también suele sentir los colores de algún equipo de la Premier League inglesa.

Rugbi El deporte preferido de la élite local. Tener conocimientos y sentir pasión por el rugbi era un claro indicador de privilegio y estatus social elevado. La llegada del rugbi profesional, sumada a los éxitos de la selección irlandesa (entre otros, el torneo de las Seis Naciones en los años 2023 y 2024), lo cambió todo, haciendo que pasara de pasatiempo elitista a expresión de orgullo nacional, aderezada por las aspiraciones sociales que acompañaron a la efímera riqueza ligada a los años del "Tigre Celta".

Dónde comer

Manifesto
ITALIANA €€

4 ❌ PLANO P. 138, A4

Vale la pena la espera por una mesa en este diminuto italiano. Las *pizzas,* horneadas a la perfección, llevan ingredientes selectos, como *friarielli* (grelos), ricota infusionada en limón y alcaparras sicilianas. Su inventiva carta de vinos tiene una amplia variedad por copa. (manifestorestaurant.ie)

Little Mike's
PESCADO Y MARISCO €€

5 ❌ PLANO P. 138, E4

Se recomienda sentarse junto al mostrador y acompañar unas copas de vino con las raciones de pescado y marisco que dan fama a Michael's (p. 141), su elogiado restaurante hermano. Apenas distan unos metros entre sí, pero este es más informal y solo abre los viernes y sábados. (littlemikes.ie)

Stella Steakhouse ASADOR €€€

Los reservados de piel rojos y el largo mostrador son legados de su vida anterior (véase 11 🕒) como *diner,* pero tras una vistosa reforma se reinauguró en el 2023 como un selecto asador donde probar algunos de los mejores cortes de ternera madurada del país. (stella steakhouse.ie)

Butcher Grill INTERNACIONAL €€€

6 ❌ PLANO P. 138, C3

A nadie sorprende que este fantástico lugar se especialice en carne, de origen local y cocinada a pedir de boca en su parrilla. Para darse un capricho, pídase el enorme bistec *tomahawk* o el sublime *côte de boeuf* (entrecot) para compartir. Tienen buena mano también con los asados del fin de semana, en los que no faltan las patatas hechas en grasa de pato y los *Yorkshire puddings.* (thebutchergrill.ie)

Chophouse GASTROPUB €€€

7 ❌ PLANO P. 138, E1

Excelente y desparramado *gastropub* centrado en jugosa carne, sin obviar pescado, pollo y cordero. Sirve un excelente asado dominical que incluye una exquisita panceta cocinada a fuego lento. Se viste de exitoso bar cada vez que hay partido en el Aviva (p. 143). (thechophouse.ie)

Los dos Mikes

Para probar el mejor pescado y marisco de la ciudad hay que poner rumbo al periférico Mount Merrion, algo más al sur, y entregarse a **Michael's** (michaels.ie), donde las creaciones del chef Gaz Smith a partir de fresquísimos frutos de mar rayan la perfección. **Little Mike's** (p. 140), a escasos 20 m, es una apuesta más informal con recetas similares y buenos vinos. Se llega con el autobús n° 47, que va a Deer Park desde el centro.

Dónde beber

Blackbird PUB

8 🚇 PLANO P. 138, A3

Este acogedor bar a la luz de las velas es el paradigma de *pub* de barrio dublinés, lleno de muebles desparejados, interesantes cachivaches y espacios íntimos, amén de juegos de mesa y un par de videojuegos retro. Buena mezcla de bebidas tradicionales y artesanas. (blackbirdrathmines.com)

Taphouse BAR

9 🚇 PLANO P. 138, B3

Los lugareños siguen refiriéndose a él como el Russell's (su nombre original), pero eso no significa que sus parroquianos no estén encantados con la reforma que los actuales patronos han acometido

El norte y el sur

Tradicionalmente se ha asumido que el sur de Dublín era de gente bien y el norte un barrio bajo, al menos hasta que la gentrificación empezó a transformar casi toda la almendra central. Ahora bien, pese a que prácticamente toda la ciudad ha recibido un lavado de cara, siguen muy arraigados ciertos prejuicios hacia ciertos barrios.

El "sur" suele referirse a Dublín 4 y a los barrios de mayor poder adquisitivo de la periferia oeste y sur, ignorando convenientemente a barrios de tradición obrera al suroeste de Dublín, como Bluebell y Tallaght. El norte de Dublín es inmenso, pero la etiqueta de "norte" suele aludir a los barrios del centro, donde los salarios tienden a ser más bajos; los acentos, más marcados y donde, desde hace poco, la llegada de residentes extranjeros resulta más evidente.

Ningún dublinés es ajeno al estereotipo del "esnob bobo" nacido y criado en el sur, pero hay otro tipo de dublinés –generalmente de los barrios de clase media del norte de la capital– que habla sobre caballos con acento llano y reconoce sus orígenes humildes mientras come *sushi*.

en este clásico local. Lo que sigue igual es su maravillosa terraza: insuperable para tomar algo en días cálidos. (taphouse.ie)

Beggar's Bush
PUB

10 PLANO P. 138, D1

Firme defensor de la clásica estética de *pub*, el Ryan's (como lo conocen los viejos del lugar) ha sabido adaptarse a los tiempos modernos incorporando un patio para los días soleados. El resto se ha mantenido como siempre, de ahí su popularidad entre pensionistas y empleados de la cercana Google. (beggarsbush.com)

Stella Cinema.

ROSS MAHON/SHUTTERSTOCK ©

Ocio

Stella Cinema   CINE

11 ⭐ PLANO P. 138, A4

A diferencia de otros sitios, una velada de cine en el Stella es siempre
sinónimo de glamur. Su angosta
entrada conduce a un derroche de
suntuosidad *art déco* con cómo-
das butacas de piel equipadas con
mesitas y reposapiés. Conviene ir
con tiempo para pedir comida que,
luego, servirán durante la proyección o reservar antes para tomar
algo en la coctelería de arriba.
(stellacinemas.ie/rathmines)

Aviva Stadium   ESTADIO

12 ⭐ PLANO P. 138, E1

Ubicado en el exclusivo barrio de
Donnybrook, este deslumbrante
estadio con aforo para 50 000
espectadores y una embriaga-
dora gradería curvilínea acoge
los encuentros como local de las
selecciones irlandesas de fútbol
y de rugbi. (avivastadium.ie)

DAVID FITZGERALD/SPORTSFILE/GETTY IMAGES ©

Dublin Horse Show.

Royal Dublin Society Showground   DEPORTES Y ESPECTÁCULOS

13 ⭐ PLANO P. 138, E3

Impresionante recinto victoriano
que se utiliza para diversas exhi-
biciones a lo largo del año. La cita
anual más importante es el **Dublin
Horse Show,** celebrado a finales
de julio y que incluye una competi-
ción internacional de salto ecues-
tre. El equipo de rugbi Leinster
disputa sus partidos como local en
su estadio para 35 000 asistentes.
Más información en la oficina de
turismo. (rds.ie)

Guía práctica

DART, Dun Laoghaire. CLAIRE WHITEHEAD/SHUTTERSTOCK ©

Antes de partir

Alojamiento

La limitación de plazas hoteleras genera tarifas estratosféricas, sobre todo en fin de semana y temporada alta (may-sep). Pese a haber buenas opciones de precio medio al norte del Liffey, la mayor oferta está al sur del río y va de casas adosadas georgianas de precio medio a hoteles exclusivos. Para los presupuestos ajustados hay albergues correctos de confort variado.

Webs útiles

- **All Dublin Hotels** (irelandhotels.com) Buena oferta en el centro y periferia.
- **Daft.ie** (daft.ie) La web para quienes deseen alquilar.
- **Dublin Hotels** (dublinhotels.com) Hoteles en la capital y alrededores.
- **Dublin Tourism** (visitdublin.com) Buena selección de alojamiento calificado.

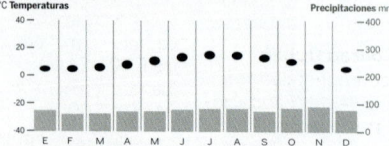

Dublín

Cuándo ir

Cuando mejor tiempo hace en Dublín es de junio a agosto. Septiembre suele ser cálido y soleado.

De noviembre a febrero, el clima es frío pero seco; en mayo son frecuentes los días lluviosos y soleados.

- **Hostel World** (hostelworld.com) Buen recurso para albergues.

Económico

Kinlay House (kinlay dublin.ie) En el límite de Temple Bar; puede ser ruidoso.

Generator Hostel (staygenerator.com) Divertido albergue en zona norte.

Isaacs Hostel (isaacs.ie) Fantástico albergue cerca de Connolly Station.

Jacob's Inn (jacobs inn.com/dublin) Limpio y moderno albergue con baños privados.

Ariel House (ariel-house.net) Precioso B&B al sur del Liffey.

Precio medio

Devlin Hotel (the dcvlin.ie) Maravilloso hotel a las afueras.

Wren Urban Nest (wrenhotel.ie) Con conciencia ecológica y decoración relajante.

Brooks Hotel (brookshotel.ie) Hotel cálido y acogedor con cine propio.

Aloft Dublin City (alofthotels.com) Vistas increíbles desde la azotea.

Number 31 (number 31.ie) Moderna pensión de buen ver.

Precio alto

Merrion (merrionho tel.com) Sofisticado, elegante y céntrico.

Shelbourne (mar riott.com) Toda una institución dublinesa.

Conrad Dublin (conradhotels.com) Excelentes habitaciones modernas.

Westbury (doyle collection.com) Más céntrico, imposible.

Marker (themarker hoteldublin.com) Elegancia arquitectónica.

Cómo llegar

Aeropuerto de Dublín

Aeropuerto de Dublín (dublinairport.com) Queda 13 km al norte del centro y tiene dos terminales: la mayoría de los vuelos internacionales llegan a la 2; los de Ryanair y otros, a la 1. Ambas terminales cuentan con *pubs*, restaurantes, tiendas, cajeros automáticos y mostradores de alquiler de automóviles.

○ **Aircoach** (aircoach.ie) Servicio de autocares privados que opera tres rutas del aeropuerto a más de una

veintena de destinos de la ciudad, incluido el centro. Circulan cada 10-15 min entre las 6.00 y 24.00 y, luego, cada hora de 24.00 a 6.00.

○ **Dublin Bus** (dublin bus.ie) Hay varios autobuses que van al aeropuerto desde distintos puntos de Dublín, como el nº 16 (Rathfarnham) y el 41 (Lower Abbey St); **Go-ahead** (goahead ireland.ie) opera el 102 (Sutton). Todos pasan por el centro de camino al aeropuerto.

○ **Taxi** Los taxis paran a la salida de ambas terminales de llegadas. La carrera al centro cuesta 30-40 € (45 min). Asegurarse de que usen el taxímetro.

Terminal del puerto de Dublín

La **terminal del puerto de Dublín** (dublinport.ie) está 3 km al noreste del centro urbano.

○ **Autobús** El servicio exprés de **Morton's Bus** (mortonscoaches.ie) a/desde el puerto de Dublín sale de Westmoreland St y está sincronizado con los ferris. Como alterna-

tiva, el autobús de la línea regular nº 53 va al puerto desde Talbot St. A quienes acaben de desembarcar, los esperan los autobuses que van al centro.

Cómo desplazarse

Autobús

○ Prestan servicio de 6.00 (algunos 5.30) a 23.30, aprox. **Dublin Bus** (dublinbus.ie) tiene una aplicación gratuita para todos sus servicios.

○ Las tarifas se calculan según el número de paradas: desde 1,70 € (1-3 paradas) hasta 3 € (más de 13). En efectivo, solo importe exacto.

○ Con la Leap Card (leapcard.ie), disponible en la mayoría de los quioscos, se ahorra el 20%.

○ El nocturno Nitelink (3 €; 2,40 € con la Leap Card) sale cada 20 min del centro los viernes y sábados; información sobre rutas en dublinbus.ie.

Automóvil y motocicleta

○ El tráfico en Dublín es una pesadilla, y aparcar, latoso y caro.

○ Pese a no haber aparcamiento gratis en el centro en horario comercial (7.00-19.00, lu-sa), los hay de pago, con tarifas según la zona: de 3,50 €/h en la amarilla (centro) a 0,80 € en la azul (periferia).

○ Los aparcamientos cubiertos vigilados cobran 3,60-4,30 €/h y en su mayoría ofrecen una tarifa nocturna más económica.

○ Retirar el cepo a un vehículo mal aparcado cuesta 125 €.

○ A menos que se indique lo contrario, es gratis aparcar de lunes a sábado pasadas las 19.00 y los domingos durante todo el día en casi todas las plazas con parquímetro y en las zonas marcadas por una línea amarilla continua.

○ Las principales compañías tienen oficina en el aeropuerto y el centro, incluidas **Avis** (avis.ie), **Budget** (budget. ie), **Europcar** (europcar. ie), **Hertz** (hertz.com) y **Thrifty** (thrifty.ie).

Bicicleta

○ Dublinbikes (dublin bikes.ie) es una red pública de alquiler con más de 100 estaciones repartidas por el centro.

○ Basta comprar una tarjeta de tres días por 5 € (y dejar un depósito de 150 € con tarjeta de crédito) en línea o en las estaciones que aceptan tarjetas de crédito.

○ Se obtendrá un tique con un usuario y una clave para desbloquear una bicicleta, cuyo uso será gratis durante los primeros 30 min; en adelante, 0,50 € cada media hora.

○ Aunque la red de carriles bici es cada vez más extensa, ojo a los vehículos de gran tamaño que acostumbran a invadirla.

Taxi

○ Cualquier carrera comienza con una bajada de bandera de 4,20 € (4,80 €, 8.00-20.00), seguida de 1,30 €/ km y 0,46 €/min en adelante (1,71/0,60 €, 20.00-8.00). Se cobra un suplemento de 1 € por pasajero adicional y 2 € por reservas

telefónicas. No hay recargo por equipaje.

○ Pueden pararse por la calle o tomarse en una parada; algunas están en Abbey St esq. O'Connell St; College Green, delante del Trinity College o St Stephen's Green, al final de Grafton St.

○ Numerosas compañías, como **NXT Taxis** (nxt.ie), ofrecen servicio de radiotaxi.

○ **Uber** funciona en Dublín, pero solo trabaja con conductores con licencia de taxi o limusina. En Irlanda, Uber tiene prohibido operar con vehículos particulares.

Tranvía

○ La red de tren ligero del Luas (luas.ie) consta de dos líneas: la Green Line (cada 15 min, aprox.) va de Broombridge, en el norte, pasando por O'Connell St y St Stephen's Green de camino a Sandyford, en el sur (vía Ranelagh y Dundrum); la Red Line (cada 20 min), de Point Village a Tallaght, previo paso por los *quays* del norte y Heuston Station.

○ Hay máquinas expendedoras de billetes en cada parada, aunque también se puede pagar con la Leap Card, que se pasa al montarse y apearse del tranvía. Un trayecto breve (4 paradas, p. ej) cuesta 1,70 €. Opera de 5.30 a 0.30 de lunes a viernes, de 6.30 a 12.30 los sábados y de 7.00 a 23.30 los domingos.

Tren

○ El **Dublin Area Rapid Transport** (irishrail.ie) ofrece un acceso ferroviario a la costa hasta Howth (30 min, aprox.), al norte, y hasta Greystones, en el condado de Wicklow, al sur. La céntrica Pearse Station queda más a mano para la mitad sur del centro, y Connolly Station, para la mitad norte.

○ Hay servicios cada 10-20 min (a veces más) de 6.30 a 24.00 de lunes a sábado. La frecuencia es menor los domingos. Un billete de ida y vuelta de Dublín a Dun Laoghaire o Howth sale por 2,65 € (2 € con la Leap Card).

Información esencial

Accesibilidad

El compacto centro urbano de Dublín es en su mayoría llano, con algunas zonas empedradas y una red de transporte público relativamente accesible, lo que lo convierte en un destino atractivo para personas con movilidad restringida. Pese a que casi todas las estaciones del DART carecen de barreras, los trenes convencionales y los del DART precisan que se avise 24 h antes para poder viajar con silla de ruedas. Todos los autobuses urbanos son accesibles en silla de ruedas, aunque el Luas es la opción con mayor accesibilidad.

Webs

Disabled Friendly Hotels (disabled friendlyhotels.com) Reseñas y sugerencias.

Ireland.com (ireland. com/en-us/help-and -advice/practical-infor mation/accessibility)

Completo artículo con enlaces a información sobre accesibilidad en medios de transporte y puntos de interés.

Irish Wheelchair Association (iwa.ie) Asociación nacional de gran utilidad.

Trip-Ability (tripa bility.net) Reseñas escritas por usuarios.

Transport for Ireland (transport forireland.ie/getting -around/accessible -travel-information) Información sobre accesibilidad en el transporte público.

Descuentos

Los jubilados pueden beneficiarse de descuentos en el transporte público y los museos. También lo tienen los estudiantes y menores de 26 años con carné de estudiante o tarjeta joven. Algunos pases locales con descuento son:

○ **Dublin Go-City Pass** (gocity.com/en/ dublin) Permite ahorrar bastante si se planea hacer mucho turismo: da acceso gratuito a más de 40 atracciones (la Guinness Storehouse incl.) y garantiza

Abonos de descuento

DoDublin Freedom Ticket (48 €/persona) Permite disfrutar de tres días de trayectos ilimitados en todos los autobuses, incluido el Airlink y el turístico Dublin Bus.

Luas Flexi Ticket (1/7 días desde 5,80/13,20 €) Viajes ilimitados en todos los servicios del Luas. El abono de un día abarca todas las zonas; el de varios días es válido como mínimo en una zona.

Rambler Pass (5 días 26 €) Válido para hacer viajes ilimitados en todos los servicios de Dublin Bus y Airlink, a excepción del Nitelink.

Leap Visitor Card (1/3/7 días 8/16/32 €) Trayectos ilimitados en autobuses, el Luas y el DART, incluidos los Airlink y Nitelink.

entrada más rápida a algunos de reclamos, además de poder montar durante un día a un autobús turístico. Bastar descargarse una aplicación y mostrar el código QR.

○ **OPWHeritage Card** (heritageireland.ie/visit/heritage-card) Da entrada gratis a todos los puntos de interés de Dublín y alrededores gestionados por la Office of Public Works (OPW). Puede comprarse en los lugares que la aceptan o en las oficinas de Dublin Tourism.

Dinero

Hay cajeros ampliamente disponibles. Prácticamente todos los restaurantes, hoteles y tiendas aceptan tarjetas de crédito (con pin).

Cajeros automáticos

Casi todos los bancos tienen cajeros automáticos ligados a redes internacionales como Cirrus, Maestro o Plus. Las tarjetas de crédito pueden acarrear una

comisión inmediata y desorbitada al sacar efectivo. Si el viajero va a hospedarse en el centro, interesa retirar dinero lo antes posible para evitar las colas que suelen formarse los viernes a partir de las 20.00.

Cambiar dinero

El mejor tipo de cambio lo ofrecen los bancos, aunque las oficinas de cambio y otros servicios afines suelen tener horarios más amplios. Por la zona de College Green, frente al Trinity College, se arremolinan varios bancos con mostradores de cambio de divisa.

Tarjetas de crédito

Las tarjetas de crédito y débito Visa y MasterCard se aceptan por doquier en la capital. Los comercios de menor tamaño normalmente prefieren las de débito (y aplican un recargo a las de crédito). Prácticamente todas las tarjetas de crédito y débito emplean un sistema de chip y pin, y cada vez menos sitios aceptan las tarjetas que no precisan un pin.

Propinas

No se está obligado a premiar el servicio si este o la comida han sido insatisfactorios.

○ **Hoteles** Solo a botones que lleven el equipaje (1 € por bulto).

○ **'Pubs'** No se espera a menos que haya servicio de mesa; en tal caso, 1 € por ronda.

○ **Restaurantes** El 10% por un buen servicio; hasta el 15% en sitios más caros.

○ **Taxis** Se deja el 10% o se redondea al alza al siguiente euro.

○ **Personal de lavabos** 0,50 €.

Electricidad

Tipo G
230V/50Hz

Emergencias

Ambulancia, bomberos, policía (Gardaí), salvamento marítimo	999 o 112
Asistencia en caso de violación	1800 778 888
Prefijo del país	+353
Prefijo internacional	00

Fiestas oficiales

El Viernes Santo y el día de Navidad son los únicos días del año que cierran todos los *pubs*. Por lo demás, la aprox. media docena de festivos (en su mayoría, en lunes) supone simplemente que no abrirán ni los bancos ni la mitad de los comercios. Los días de San Patricio y de San Esteban se pasan al siguiente lunes cuando caen en fin de semana.

Año Nuevo 1 de enero

Día de San Patricio 17 de marzo

Semana Santa (del Viernes Santo al Lunes de Pascua, ambos inclusive) Marzo/abril

Puente de mayo 1er lunes de mayo

Puente de junio 1er lunes de junio

Puente de agosto 1er lunes de agosto

Puente de octubre Último lunes de octubre

Día de Navidad 25 de diciembre

Día de San Esteban 26 de diciembre

Horario comercial

Bancos 10.00-16.00, lu-mi y vi, 10.00-17.00, ju.

Oficinas 9.00-17.00 lu-vi.

Oficinas de correos 9.00-18.00 lu-vi, 9.00-13.00 sa.

Restaurantes 12.00-22.00 (o 24.00); la

Consejos para ahorrar

○ Si se va a usar el transporte público, conviene adquirir una Leap Card (a la venta en tiendas de alimentación): es más barato y sencillo que pagar en efectivo.

○ Para comer bien (incluso en los mejores restaurantes), sáquese partido a los menús de almuerzo y a los turnos anteriores al inicio de las funciones de teatro.

cocina suele cerrar a las 21.00; los restaurantes más exclusivos con frecuencia cierran de 15.00 a 18.00; los que sirven *brunches* abren sobre las 11.00.

Tiendas 9.30-18.00 lu-mi, vi y sa, 9.30-20.00 ju (hasta 21.00 en centros comerciales y supermercados), 12.00-18.00 do.

Información turística

Visit Dublin Centre (plano p. 48, B2; visit dublin.com) Información turística general sobre Dublín e Irlanda, además de servicio de búsqueda de alojamiento y reservas.

Lavabos públicos

No hay en la calle pero sí en museos, galerías de arte y centros comerciales. Si la necesidad apremia, acúdase a un bar o un hotel.

Precauciones

Dublín es una ciudad segura desde cualquier criterio. Apliquese el sentido común como en el país propio.

○ Al aparcar, no dejar objetos de valor a la vista.

○ La clonación de tarjetas en cajeros automáticos es un continuo problema; asegurarse de cubrir con la mano el teclado al poner el pin.

○ Ir con cuidado por el extremo occidental de Thomas St (hacia James St), ya que suele haber drogadictos.

○ El extremo norte de Gardiner St y las zonas al noreste suelen ser focos de delincuencia.

○ Muchos museos y eventos exigen reservar para controlar el número de visitantes.

Comisarías

Las hay en las siguientes zonas:
Pearse St
(☎01-666 9000)
O'Connell St
(☎01-666 8000)
Store St
(☎01-666 8000)

Teléfono

Todos los terminales europeos funcionan en Dublín, lo mismo que los norteamericanos liberados. Consúltese al operador en el país de origen. Las tarjetas SIM de prepago cuestan a partir de 15 €.

Viajeros LGTBIQ+

Dublín es un buen lugar para la comunidad LGTBIQ+. Aquí ser gay o lesbiana resulta completamente indiferente a sus residentes y en los últimos años las personas trans también han encontrado mucha más aceptación. Pese a todo, el colectivo sigue siendo víctima de acoso o cosas peores, de modo que, en caso de problema, se podrá llamar a la **línea de asistencia telefónica** (116006; crimevictimshelpline.ie; 24 h) a dicho fin.

Algunas webs útiles son:

LGBT Ireland (lgbt.ie)

Gay Men's Health Project (hse.ie/go/GMHS) Consejos prácticos sobre problemas relativos a la salud masculina.

Protocolo

○ **Saludos** Al ser presentado es costumbre estrecharse la mano, tanto a hombres como a mujeres. Las amigas se saludan con un beso en la mejilla.

○ **Hacer cola** Aunque los dublineses no son muy estrictos a la hora de formar cola, no dudan en llamar la atención a cualquiera que pretenda colarse.

○ **Fórmulas de cortesía** Que los dublineses acostumbren a decir *sorry* en vez de *excuse me* para pedir algo no significa que se estén disculpando por algo.

National LGBT Federation (nxf.ie) Editan *Gay Community News*.

Outhouse (outhouse.ie) Excelente centro de recursos LGTBIQ+ con tablones de anuncios, muy recomendable para estar al tanto de la oferta actual y conocer gente. Véase la web.

Visados

No los precisan los ciudadanos de Australia, Nueva Zelanda, el Reino Unido, EE UU y Canadá, ni tampoco los viajeros de países europeos pertenecientes al Espacio Económico Europeo (EEE).

Entre bastidores

Actualización y sugerencias

Si el lector encuentra cambios en los lugares descritos u otros recién inaugurados, le agradeceremos que escriba a Lonely Planet en www.lonelyplanet.com/contact/guide book_feedback/new para mejorar la próxima edición. Todos los mensajes se leen, se estudian y se verifican. Quienes escriban verán su nombre reflejado en el capítulo de agradecimientos de la siguiente edición. Determinados fragmentos de la correspondencia de los lectores podrían aparecer en nuevas ediciones de las guías Lonely Planet, en la web de Lonely Planet, así como en la información personalizada. Se ruega a todo aquel que no desee ver publicadas sus cartas ni que figure su nombre que lo haga constar.

Agradecimientos de Neil

Muchas gracias a Tristan Canning, Gaz Smith y Róisín Lawlor, así como a Fionn Davenport y, por supuesto, a Amy Lynch y al equipo de editores y cartógrafos de Lonely Planet.

Reconocimientos

Fotografía de cubierta: Nicola_K_Photos/Shutterstock ©

Fotografía de contracubierta: Nicola Pulham/Shutterstock © Fotografías pp. 32-33: Rolf G Wackenberg/Shutterstock ©, luciann.photography/Shutterstock ©

Índice

Véanse también los subíndices:

⊗ **Dónde comer p. 156**

◉ **Dónde beber p. 157**

★ **Ocio p. 157**

🔒 **De compras p. 157**

⏾ Dónde beber

✪ Ocio

🔒 De compras

El autor

Neil Wilson

Su carrera como escritor de viajes a jornada completa comenzó en 1988 y desde entonces ha trabajado en más de 90 obras para distintas editoriales, incluidas las Lonely Planet de Irlanda y Escocia. Lleva colaborando en la guía de Irlanda desde el 2003, y en la de Dublín, desde el 2008.

geoPlaneta
Av. Diagonal 662-664, 08034 Barcelona
viajeros@lonelyplanet.es
www.geoplaneta.com – www.lonelyplanet.es
Lonely Planet Global Limited
Lonely Planet Global Limited, Digital Depot,
The Digital Hub, Dublín D08 TCV4, Irlanda
www.lonelyplanet.com
Contacta con Lonely Planet en: lonelyplanet.com/contact

Dublín de cerca
5ª edición en español – junio del 2024
Traducción de *Dublin*, 7ª edición – mayo del 2024
© Lonely Planet Global Limited
1ª edición en español – enero del 2008

Editorial Planeta, S.A.
Av. Diagonal 662-664, 7º. 08034 Barcelona (España)
Con la autorización para la edición en español de Lonely Planet
Global Limited, Digital Depot,
The Digital Hub, Dublín, D08 TCV4, Irlanda

© Textos y mapas: Lonely Planet, 2024
© Fotografías y mapas, según se relaciona en cada imagen
© Edición en español: Editorial Planeta, S.A., 2024
© Por la traducción del texto: Jorge García, 2024

ISBN: 978-84-08-28720-9
Depósito legal: B. 2.471-2024
Impresión y encuadernación: Unigraf
Printed in Spain – Impreso en España